經濟學

是什麼

What Is Economics ?

梁小民◎著

目　錄

像經濟學家一樣思考

經濟學理論並沒有提供一套立即可用的完整結論。它不是一種教條，只是一種方法、一種心靈的器官、一種思維的技巧，幫助擁有它的人得出正確結論。

——約翰·梅納德·凱因斯

　　約翰·梅納德·凱因斯（John Maynard Keynes, 1883-1946），能創建「主義」的經濟學家並不多，凱因斯以其1936年出版的《就業、貨幣和利息通論》而創立了現代宏觀經濟學的凱因斯主義。作爲一位精於理論和實踐的經濟學家，凱因斯對經濟學有許多獨到的見解，我們引用的這段話就堪稱經典。

　　提倡人人都讀點經濟學，並不是希望人人都成爲以經濟學爲職業的經濟學家。也不是因爲經濟學告訴了我們致富的點金術，而是因爲在現代社會中人人都應該像經濟學家一樣思考問題。

　　經濟學家是如何思考的？他們的思考與我們沒有學過經濟學的人有什麼不同？像經濟學家一樣思考對個人和社會有什麼好處？要瞭解這一切，我們先要知道經濟學研究什麼，以及經濟學家是如何研究這些問題的。

1.1 你經常處於選擇之中

　　人們對經濟學是什麼有不同的理解。有人認爲經濟學研究經邦濟世的大學問，有人認爲經濟學研究致富之路，有人認爲經濟學研究生產關係，還有人認爲經濟學無非是一些自命爲經濟學家的人的智力遊戲。

　　這些說法頗像瞎子摸象一樣，都抓住了一個側面，但又都不準確、不全面。要瞭解經濟學研究什麼，還要從經濟學的起源談起。

　　人類社會的基本問題是生存與發展。生存與發展就是不斷地用物質產品（以及勞務）來滿足人們日益增長的需求。需求來自於人類的欲望。欲望的特點在於無限性，即欲望永遠沒有完全得到滿足時。一個欲望滿足了，又會產生新的欲望。用中國的一句俗話來說，就是「人心不足蛇吞象」，在中文中這句話有點貶義。中國傳統道德觀是「存天理，滅人欲」，把人的欲望作爲罪惡之源。其實，人心要是足了，社會還會發展嗎？正是

欲望的無限性推動了人類不斷去追求、去探索，這才有了社會的進步。

人的欲望要用各種物質產品（或勞務）來滿足，物質產品（或勞務）要用各種資源來生產。但誰都知道，自然賦予人們的資源是有限的。一個社會無論有多少資源，總是一個有限的量，相對於人們的無限欲望而言，資源量總是有限的、不足的。這就是經濟學家所說的「稀缺性」。這裡所說的稀缺不是指資源的絕對量多少，而是指相對於無限欲望的有限性而言，再多的資源也是稀缺的。稀缺性是人類社會面臨的永恆問題，它與人類社會共存亡。當窮國政府為了把有限的財政收入用於基礎設施建設還是教育方面而爭論不休時，富國政府也為了把收入用於國防還是社會福利發愁；當窮人為一日三餐擔心時，富人正在考慮是打橋牌還是打高爾夫球。這些都是稀缺性不同的表現形式。

稀缺性決定了每一個社會和個人必須做出選擇。欲望有輕重緩急之分，同一種資源又可以滿足不同的欲望。「選擇」就是用有限的資源去滿足什麼欲望的決策。選擇要決定用既定的資源生產什麼、如何生產和為誰生產這三個基本問題。這三個問題被經濟學家稱為資源配置問題。經濟學正是要研究選擇問題的，或者說研究資源配置問題的。正是在這一意義上，經濟學被稱為「選擇的科學」。美國經濟學家斯蒂格利茨在他的《經濟學》中就指出：「經濟學研究我們社會中的個人、企業、政府和其他組織如何進行選擇，以及這些選擇如何決定社會資源的使用方式。」

我們說經濟學研究選擇問題或資源配置，並不是說它可以直接告訴你如何去做，而是向你提供一套解決這個問題的工具

和方法，告訴你解決這個問題可供選擇的思路。經濟學的理論並不難，難的是運用。能否用這些理論去賺大錢或經邦治國，則取決於你的「悟性」。例如：經濟學告訴我們，個人或國家之間的貿易有利於雙方。這就是說，透過貿易來配置資源可以增加雙方的福利。這個原則很簡單，但與誰貿易、如何貿易則是複雜得多的問題，不能靈活地處理這些問題，貿易的好處恐怕只是紙上談兵。

　　總之，經濟學產生於稀缺性，它要解決任何一個社會和個人都面臨的選擇或資源配置問題。因此，經濟學是一門與我們每個人都密切相關的科學。這正是我們要學習經濟學的基本原因。

1.2 選擇與制度

　　做出選擇或資源配置決策並付諸實施的過程就是經濟活動。人是社會的人，任何社會經濟活動都在一定的社會中進行，各個社會做出選擇或資源配置的方式稱為經濟制度。所以，經濟學與經濟制度密切相關。

　　在現代社會中有兩種選擇或資源配置的方式，即兩種經濟制度：計畫經濟與市場經濟。計畫經濟又稱命令經濟，是由中央計劃者集中做出選擇或資源配置決策的經濟制度，市場經濟是由市場分散做出選擇或資源配置決策的經濟制度。這兩種經濟制度的差別在三個基本問題上。第一，決策機制不同。計畫經濟下，選擇的決策是由至高無上的中央計劃機制做出的；在市場經濟下，選擇的決策是由參與經濟的千千萬萬個人分散地

獨立作出的。第二，協調機制不同。計畫經濟是一個金字塔式的等級體系，用自上而下的命令方式來貫徹決策、保證決策的協調；市場經濟則由價格來協調千千萬萬個人的決策，使這些決策一致。第三，激勵機制不同。計畫經濟的決策與協調機制決定了激勵是以集體主義為中心，強調「大河沒水小河乾」；市場經濟則以個人利益為中心，強調「小河有水大河滿」。

可以從經濟效率、經濟增長和收入分配三個方面來比較這兩種經濟體制。應該說這兩種經濟制度各有利弊。從二十世紀總體經濟狀況來看，市場經濟優於計畫經濟。可以說，經濟上成功的國家都採取了市場經濟制度，而採用計畫經濟的國家無一成功者。正由於這一原因，在二十世紀八○年代之後，原來採取計畫經濟的國家紛紛轉向市場經濟。市場經濟是組織經濟活動的一種好方式，這個信念已成為絕大多數人的共識。但市場經濟並非完美無缺，因此，還需要政府用各種干預手段來糾正市場經濟的缺點。經濟學家把這種以市場調節為基礎，又有政府適當干預的經濟制度稱為混合經濟。混合經濟絕不是市場經濟和計畫經濟的結合，而是對市場經濟的改進。因此，混合經濟也可以稱為現代市場經濟。

經濟學正是研究現代市場經濟下的選擇或資源配置問題的。我國的經濟也正在轉向市場經濟，因此，所適用的也應該是這種經濟學。這正是我們提倡學習經濟學的另一個重要理由。

市場經濟是一種根本性的資源配置方式，決定著一個社會的總體方向。但要使這種經濟制度能夠有效地運行，還需要有許多具體的制度保證。例如產權制度保護個人財產所有權，這是個人獨立決策的經濟基礎。契約制度規範了人們在經濟和交

易中的權、責、利，從而使有利於各方的交易得以實現。貨幣制度降低了交易中的費用，從而提高了市場配置資源的效率等等。所有這些制度是從市場經濟制度衍生出來的，是爲市場經濟服務的。這些制度的作用一是規範人們的行爲，二是提供一種激勵。例如專利制度對侵權行爲進行限制，就規範了人們對發明的行爲，也激勵了人們去進行發明活動。沒有這些具體的制度，市場經濟也不會有效率。正是在這個意義上，經濟學家強調了制度的重要性。我們在分析選擇或資源配置的問題時，假設這一套完整的制度是存在的，這套制度的作用與建立是制度經濟學所研究的問題。

1.3 經濟學家如何研究選擇問題

社會與個人面臨選擇問題，經濟學家如何研究這些問題，爲解決選擇問題提供一種思路呢？我們以近年來學術界頗爲關注的「轎車進入家庭」來說明這一點。

是否讓轎車進入家庭是我們的社會所面臨的一個選擇問題。經濟學家認爲這個問題實際上包括兩個不同的內容，一是轎車能否進入家庭，二是轎車是否應該進入家庭。對這兩個不同的內容，經濟學家用了兩種不同的方法。

轎車能否進入家庭涉及到汽車需求量和汽車價格、消費者收入水平等因素之間的關係，這種關係是客觀存在的。透過分析可以得出在收入達到什麼水平以及價格爲多少時，汽車可以進入家庭。分析這個問題時，經濟學家用的是實證方法。實證方法排斥價值判斷，只客觀地研究經濟現象本身的內在規律，

並根據這些規律分析和預測人們經濟行為的後果，用實證方法分析經濟問題稱為實證表述，其結論也可以稱為實證經濟學。

轎車是否應該進入家庭涉及到人們的價值判斷，即轎車進入家庭是一件好事還是壞事。不同的人看法不同，得出的結論也完全不同。經濟學家以某種價值判斷為基礎分析這一問題，稱為規範方法。規範方法以一定的價值判斷為基礎，提出分析處理經濟問題的標準，並以此為依據評價或規範某種經濟行為。用規範方法分析經濟問題稱為規範表述，其結論可以稱為規範經濟學。

這兩種方法都可以研究選擇問題，但有三點不同。第一，對價值判斷的態度不同。價值判斷指對一種現象社會價值的評價，就經濟問題而言，可以說是對社會或個人已經做出或即將做出的某種選擇的評價。價值判斷取決於人的立場和倫理觀，有強烈的主觀性。不同的人對同一種選擇可以有完全不同的價值判斷。實證方法為了使經濟學具有客觀性而強調排斥價值判斷；規範方法要評價或規範經濟行為則以一定的價值判斷為基礎。第二，要解決的問題不同。實證分析要解決「是什麼」的問題，即確認事實本身，研究經濟現象（即某一種選擇）的客觀規律與內在邏輯。規範分析要解決「應該是什麼」的問題，即說明經濟現象的社會意義。第三，實證分析得出的結論是客觀的，可以用事實進行檢驗；規範分析得出的結論是主觀的，無法進行檢驗。

在經濟學中，實證方法和規範方法都有其不同的作用。如果我們把經濟學作為一門科學，作為認識世界的工具，那麼，我們就應該放棄價值判斷，像物理學家或化學家一樣冷靜、客觀地分析經濟現象。但如果是要制定政策以改善世界，那麼，

就要以一定價值判斷為基礎評價某種經濟現象。這兩種方法是密切相關的。但經濟學家強調，經濟學的主要任務還是認識世界，而且，做出評價的基礎也是對客觀現象的認識，因此，在經濟學研究中，經濟學家更多地運用了實證分析方法。

運用實證方法研究經濟問題是從對經濟現象的觀察出發得出經驗性結論，然後再透過進一步觀察檢驗這些結論，並發展或修改這些結論。這也是所有實證科學（物理學、生物學等自然科學）遵循的方法。現實世界是複雜的，為了簡化現實中不必要的細節，在運用實證方法研究問題時先要做出假設，然後在這一假設之下研究所涉及的經濟變數之間的關係，提出假說（未經證明的理論），最後用事實來檢驗這些假說。例如：在研究汽車能否進入家庭這一問題時，我們可以先假設其他影響汽車需求量的因素（如政府政策、汽油價格、汽車價格等）不變，分析汽車需求量和收入水平之間的關係，得出在收入為多少時汽車可大量進入家庭的假說，最後根據不同收入水平時汽車實際銷售量的資料來檢驗所得出的假說。如果這個假說正確，就成為理論；如果不正確就要進行修改。用這種方法進行研究時可以建立汽車需求量與收入水平的經濟模型。在現實中，經濟學家通常用數學方法建立經濟模型。

經濟學家用實證方法研究經濟問題，使經濟學成為一門科學。本書中所介紹的經濟學理論，基本上都是運用這種方法得出的，因此，我們對實證研究方法要有所瞭解。

1.4 如何像經濟學家一樣思考

經濟學家在研究經濟問題時用了一套獨特的方法、工具和概念，建立了反映市場經濟中經濟規律的理論。當一般人僅僅看到經濟中各種問題的現象時，經濟學家卻抓住了事物的本質，這正是經濟學家的高明之處。只有認識事物的本質，掌握經濟規律才能作出正確的決策，這正是我們要學習經濟學的原因。但學習經濟學並不是要用現成的理論去套現實問題，而是要學會一套分析這些問題的方法。經濟學不可能為所有問題都提供現成的答案，但能教會我們分析這些問題的方法。我們每天都會遇到許多經濟問題，也需要隨時作出許多選擇的決策。像經濟學家一樣思考就是要學會用經濟學提供的方法、工具、概念和理論來分析現實問題，並作出正確的決策。

那麼，我們如何才能像經濟學家一樣思考，並作出正確的選擇決策呢？我們用幾個事例來說明這一點。

例一：小王原來是某機關的一個處長，年薪2.4萬。在經商高潮中他也辭職從商，一年下來賺了5萬元，他認為自己改行從商是對的。經濟學家是如何看待小王的經商得失呢？

經濟學家認為，世界上沒有白吃的午餐，作出任何決策都要付出代價。在資源既定的情況下，選擇了某個決策就要放棄另一個決策，得到了點什麼就不得不放棄點什麼，正如中國古話所說的「魚和熊掌不能兼得」，得到魚就要放棄熊掌，得到熊掌就要放棄魚。經濟學家把為了得到某種東西而所放棄的東西稱為機會成本。把這個概念用在小王身上，他從商賺到5萬元的

機會成本是什麼，或者說放棄了什麼呢？首先，他放棄了當處長每年的年薪2.4萬元。其次，一個處長的收入絕不僅僅是工資，還有許多隱性收入，例如：可以享受公費醫療、以成本價購買住房、夏天可以公費度假、年底還可以分些年貨等等，據估計一個處長的這些額外收入每年約為2萬元左右，這也是小王所放棄的。再者，小王經商需要的資金中有10萬元是自己歷年的儲蓄，用自己的資金當然不用支付利息，但也不能存在銀行中得到利息，假定利率為每年5％，這樣，小王又放棄了5000元的利息收入。最後，小王當處長時，每天8小時上班，機關工作是輕閒的，晚上還可以舞文弄墨，給報刊寫點小文章，一年下來亦可有1萬元收入，經商後這份閒情沒有了，當然這份收入也失去了。以上放棄的4種收入共計5.4萬元，得到5萬元，付出的機會成本是5.4萬元，當然是得不償失。在不考慮機會成本時，小王認為自己從商賺了，但像經濟學家一樣考慮到機會成本，即所放棄的東西時，就知道從商虧了，還是「商海無邊，回頭是岸」的好。

人們在考慮到機會成本時，所作的決策會更明智。例如最近報上講到矽谷離婚率低，其實這並不是因為矽谷的夫妻們感情好，更重要的是對於時間就是金錢的矽谷創業者來說，把許多時間用在離婚訴訟上，機會成本實在太高了。

例二：小李最近正在考慮是要上一個電腦培訓班，還是會計培訓班。假設電腦班收費5000元，會計班收費3000元（業餘時間學習，不考慮機會成本），在學習後得到的收入為多少時，小李該上哪個培訓班呢？

經濟學家在分析這個問題時使用了邊際分析法。「邊際」這個詞在經濟學中常見，許多人覺得不好理解，其實這就像隔

著一層窗戶紙，捅破了就沒什麼神秘的了。經濟學家把所研究的各種變數分為自變數和因變數，自變數是最初變動的數，因變數是由於自變數變動而引起變動的數。邊際分析就是分析自變數變動與因變數變動的關係。自變數變動所引起的因變數變動量稱為邊際量。在考慮一個決策時，重要的是考慮邊際量，因此，要運用邊際分析法。

　　經濟學家運用邊際分析法作出決策時，把從事一項活動（例如參加某個培訓班）所增加的成本稱為邊際成本，把從這項活動中得到的好處稱為邊際收益。如果邊際收益大於（至少等於）邊際成本，就可以從事這項活動，如果邊際收益小於邊際成本，就萬萬不可從事這項活動。我們可以用這種方法來給小李出主意。參加電腦班的邊際成本是5000元，參加會計班的邊際成本是3000元，因此，只要參加電腦班後增加的收入（即邊際收益）大於或等於5000元，參加會計班後增加的收入（即邊際收益）大於或等於3000元，參加這兩個班就是有利的。如果參加兩個班都是邊際收益大於邊際成本，當然是選擇大的多的那一個班了。我們在作出某種選擇決策時，所考慮的不是成本和收益的總量，而是增加量（即邊際量），這一點在現實運用中極為重要。

　　例三：小劉經營一家保齡球場。根據他的會計師計算，每玩一局的平均總成本（包括房屋租金、設備折舊、所耗電力以及支付給工作人員的工資等）為10元。如果每局的價格高於10元，經營當然有利；如果每局的價格等於10元，也可以實現收支相抵；但如果午夜時價格降至7元仍然有人來玩，而高於7元則無人玩，小劉是應該把價格降為7元繼續經營呢，還是不降價停業呢？

乍看之下這個問題很簡單，票價降至7元低於平均總成本，誰會這樣虧本經營呢？但經濟學家的分析卻不是這樣簡單，結論也不同。經濟學家認為在設備等無法改變的短期內，平均總成本中包括平均固定成本與平均可變成本。平均固定成本包括玩一局應分攤的房租、設備折舊、管理人員工資等費用。固定成本是無論是否經營都要支出的費用，因此，在這種情況下也可以稱為沉沒成本，是已經支出而不可收回的成本。平均可變成本是每一局所需的支出（如所耗電力的費用、服務人員增加工時的工資等），有人玩就要支出，沒人玩就可以不支出。這就是說，在短期內保齡球場停業所節省的僅僅是可變成本，而固定成本無論是否經營都是要支出的。我們假設小劉所經營的這個保齡球場的平均總成本10元中，平均固定成本為6元，平均可變成本為4元（在保齡球場這種固定支出大的企業中，平均固定成本大於平均可變成本）。這樣，在價格為7元時經營就仍然是有利的，因為在用4元彌補了平均可變成本後，仍可剩下3元彌補平均固定成本。固定成本無論是否經營都已支出了，能彌補3元當然比一分錢都彌補不了好。就小劉的這個保齡球場而言，只要價格高於4元，經營就比不經營好。固定成本屬於已經支出無法收回的沉沒成本支出，在作出短期經營決策時可以不予考慮。這就是一般所說的「過去的事就讓它過去吧！」，不能影響現在的決策。你覺得經濟學家分析得有道理嗎？

這幾個例子說明了經濟學家考慮分析問題的確有高明之處。在過去計畫經濟中，中央計劃者替我們安排好了一切，我們每個人都是計畫經濟這部大機器中的一個螺絲釘，自己不必作決策，也不必動腦子（自己動腦子有主意也許還會招來殺身之禍，成為反動分子呢）。現在的市場經濟中，我們每一個人都

要作出自己的選擇、自己的決策，而且，整個市場經濟的成功也取決於每個人決策的正確性。這樣，我們就要學點經濟學，學會像經濟學家一樣思考問題。

經濟學包含的內容十分豐富，我們在這本書中所介紹的是一些最基本的概念、工具、方法和理論。這些內容有助於學會像經濟學家一樣思考，也有助於分析各種現實經濟問題，從而有助於作出更加理性的決策。如果對經濟學有興趣，也可以此為起點，讀一些更高深的書，進入經濟學這座科學聖殿。

許多人覺得經濟學枯燥、乏味、抽象、難學。的確，如果你讀一本充滿數學推導公式的經濟學教科書一定會有這種感覺。但經濟學本來來自現實生活，應該是豐富多彩而生動活潑的。這本書就是想還經濟學本來的面貌，讓大家在輕鬆的閱讀中學到經濟學的基本知識。

2. 價格如何調節經濟

　　每個人都在力圖應用其本身的資源,來使其生產品能得到最大的價值。一般來說,人們並不企圖增進公共福利,也不知道其所增進的公共福利是多少。追求的僅僅是個人的安樂,僅僅是個人的利益。在這樣做時,有一隻看不見的手引導著去促進一種目標,而這種目標絕不是人們原本所追求的東西。由於追逐自己的利益,而經常促進了社會利益,其效果要比真正想促進社會利益時所得到的效果為大。

　　　　　　　　　　　　　——亞當·斯密

　　亞當·斯密 (Adam Smith, 1723-1790)，如果要評選人類歷史上最偉大的經濟學家，恐怕是非斯密莫屬。他在1776年出版的《國富論》中，揭示了市場經濟的運行規律。他的關於一隻「看不見的手」（價格）自發調節經濟的思想，至今仍然是「經濟學皇冠上的寶石」。如果說牛頓是現代物理學的奠基人，斯密就是現代經濟學的奠基人。斯密所建立的古典經濟學與牛頓所建立的經典力學同樣輝煌，是我們從蒙昧走向科學的起點。

　　十八世紀英國古典經濟學家亞當‧斯密認為人是利己的經濟人，他所作出的選擇是為了實現個人利益最大化，但由於有一隻看不見的手的調節，這種追求個人私利的活動增加了社會利益。這隻看不見的手就是價格。在市場經濟中，個人獨立作出決策，但這些決策又是協調的，共同促進了社會利益，協調這種個人決策的正是價格，因此，價格是市場經濟的調節者。價格的這種協調作用是市場經濟有活力地運行的關鍵。直至今天，經濟學家仍把斯密這種價格調節經濟的思想稱為「經濟學皇冠上的寶石」。我們要瞭解市場經濟的運行，必須從瞭解價格如何調節經濟開始。

2.1 通俗歌手數量與門票價格

　　要瞭解價格如何調節經濟，首先要瞭解價格是如何決定的。有一種說法認為價格最終是由包含在商品中的勞動量決定的，但這種說法往往無法解釋許多現實現象。例如一個美聲唱法歌手要經過長期訓練，而且唱歌時付出的勞動支出也多；一個通俗歌手甚至不認識簡譜也可以唱歌，而且唱歌付出的勞動比美聲唱法並不多，但在市場上美聲唱法演唱會的門票比通俗唱法演唱會的門票低得多。勞動量的多少無法解釋這種價格差，引起這種價格差的主要原因是需求：美聲唱法作為一種陽春白雪的藝術，需求極為有限；而通俗唱法作為一種普及大眾的藝術，需求極大。可見決定價格的關鍵不是商品（或勞務）中所包含的勞動量，而是對這種商品（或勞務）的供求。供求決定價格是市場經濟中的基本規律，所以，要瞭解價格的決定

首先要瞭解需求與供給。

我們先來談需求。需求是在某一時期內在每一種價格時消費者願意而且能夠購買的某種商品量。這裡要注意「願意而且能夠購買」這幾個字。「願意」是指有購買欲望，「能夠」是指有購買能力，所以可以說，需求是購買欲望和購買能力二者的統一，缺少哪一個都不能成為需求。用我們的例子說，想聽通俗歌手唱歌而買不起門票的人沒有這種需求，能買得起門票但不願聽通俗歌曲的人也沒有這種需求，只有既想聽又買得起票的人才構成對通俗歌手演唱會的需求。

影響某一種商品需求的因素就是影響對這種商品購買欲望與購買能力的因素。我們把這種因素概括為四種：價格、收入、消費者嗜好與預期。價格和收入主要影響購買能力，消費者嗜好和預期主要影響購買欲望。價格包括商品本身的價格，也包括相關商品的價格。相關商品包括替代品與互補品，以通俗歌曲演唱會為例，唱片是其替代品（儘管不能完全替代），唱片價格下降，演唱會需求會減少；聽演唱會時停車服務是演唱會的互補品（也是不完全互補），聽演唱會時停車收費下降，演唱會需求也會增加。收入對購買能力的影響是顯而易見的。消費者嗜好受消費時尚的影響，消費時尚受示範效應和廣告效應影響。例如國外某歌星走紅，國人也會受國外影響愛聽該歌星的歌曲，這是示範效應；報紙媒體對某歌星的宣傳會使年輕人愛聽該歌星的歌，這是廣告效應。預期包括收入與價格預期，影響消費者的購買欲望。

在說明需求如何影響價格決定時，我們假設除商品本身價格以外的其他因素都不變，只分析商品本身價格與該商品需求量之間的關係。根據經驗我們知道，在其他因素不變時，某種

商品的需求量與其價格反方向變動，即價格上升，需求量減少；價格下降，需求量增加。這在經濟學中被稱為需求定理。

再來看供給。供給是在某一時期內在每一種價格時生產者願意而且能夠供給的某種商品量。供給仍然是生產者供給欲望和供給能力的統一，但更重要的是供給能力。

影響某一種商品供給的因素包括價格、生產要素的數量與價格、技術水平和預期。價格和預期主要影響供給欲望，生產要素數量與價格以及技術水平主要影響供給能力。

在說明供給如何影響價格決定時，我們仍假設除商品本身價格以外的其他因素都不變，只分析商品本身價格與該商品供給量之間的關係。根據經驗我們知道，在其他因素不變時，某種商品的供給量與其價格同方向變動，即價格上升，供給量增加，價格下降，供給量減少。這在經濟學中被稱為供給定理。

某種商品的需求量與供給量都受價格的影響。當市場上這種商品的需求量與供給量相等時，就決定了市場上這種商品的價格。這種價格既是消費者願意支付的需求價格，又是生產者願意接受的供給價格，我們稱為均衡價格。這時的需求量與供給量也相等，稱為均衡數量。在現實中，均衡價格就是市場上的成交價格，均衡數量就是市場上的成交量。

這裡要注意的是，價格（即均衡價格）是在市場競爭過程中自發形成的。當某種商品的供給大於需求時，生產者為了把東西賣出去會競相降價；當某種商品的供給小於需求時，消費者為了得到東西會競相提價；當供給量與需求量相等時，既不會降價又不會提價，這時的價格就稱為市場上自發決定的均衡價格。

供求決定價格，所以，供求的變動也會引起價格的變動。

如果需求增加（例如想聽通俗歌曲演唱會的人增加了），則均衡價格會上升（門票價格提高），均衡數量增加（通俗歌曲演唱會增加）；同理可以推出，需求減少，均衡價格下降，均衡數量減少。如果供給增加（例如通俗歌手增加），則均衡價格會下降（門票價格下降），均衡數量增加（通俗歌曲演唱會增加）；同理可以推出，供給減少，均衡價格上升，均衡數量減少。需求和供給變動所引起的均衡價格和均衡數量的不同變動，在經濟學中稱爲供求定理。

　　別看供求決定價格的原理很簡單，這是經濟學家分析經濟問題最基本的工具。我們分析經濟中各種因素的變動如何影響價格和交易量時，首先看這種因素影響需求還是供給，或者兩者都影響，然後看這種因素如何影響需求和供給（使供求增加還是減少），最後就可以得出價格和交易量變動的結論了。例如，一次全國性通俗歌手大賽又評出了一批歌星，這對通俗歌曲市場有什麼影響呢？我們首先可以確定這件事對需求影響不大，主要影響供給；其次，我們可以確定這使通俗歌手供給增加；在需求不變而供給增加時，通俗歌曲演唱會價格會下降，而演出量會增加。與前些年比，這些年通俗歌曲演唱會門票下降而演出增加，正是由於不斷推出了新歌手。

2.2 一隻看不見的手

　　價格在市場上是自發地由供求關係決定的，也是在自發地調節經濟。

　　價格在市場經濟中起著重要的作用。這種作用可以概括爲

三點：

第一，傳遞資訊。市場上有成千上萬的消費者和生產者，每一個個別的生產者和消費者很難瞭解整個市場的供求情況，因爲他們不可能去作詳細的市場調查。但是，他們卻可以透過觀察價格變動的情況來無代價地及時獲得供求變動的情況。如果某種商品價格上升，就說明出現了供小於求的情況；反之，如果這種商品價格下降，就說明出現了供大於求的情況。價格每時每刻都在變動，及時把市場供求的變化資訊傳遞給消費者和生產者，使他們作出正確的決策。價格的這種傳遞資訊的作用是其他任何方法（如固定的供求資訊發布會）所取代不了的。

第二，提供刺激。我們知道，在市場經濟中，生產者和消費者都是經濟人，他們進行消費和生產是爲了實現個人利益的最大化，而價格是影響他們個人利益最重要的因素。價格下降會使消費者獲益，他們會增加消費；但卻會使生產者受損失，從而減少供給。反之，價格上升會使消費者受損失，從而減少消費，但卻會使生產者受益，從而增加供給，所以，如果要改變消費者或生產者的行爲，價格是一種最有力的刺激手段。例如想讓消費者節約用水，可以運用宣傳手段，可以實行行政性命令，也可以提高價格，在這三種方法中，顯然價格手段最有效。同樣，如果你想鼓勵通俗歌手多開演唱會，可以勸告、可以命令，也可以提高價格，在這三種方法中，也是價格手段最有效。在各種激勵手段中，價格不是唯一的，但卻是最重要而且最有效的。

第三，透過價格的調節可以使消費者與生產者的決策協調，實現供求相等的最優資源配置。在市場經濟中，成千上萬

的消費者和生產者分散地、獨立地作出決策，如何使這些決策協調一致呢？只要價格能起這種作用，消費者就可以根據價格作出自己的購買決策，生產者也可以根據價格作出自己的生產決策。當某種商品供小於求價格上升時，消費者不約而同地減少購買，而生產者不約而同地增加生產，這最終會使供求相等；當供求相等時，價格不再上升，實現了均衡，消費者不再減少購買量，生產者不再增加生產量。市場實現了供求相等，也就是資源得到了最優配置——消費者的需求得到了滿足，生產者生產的產品全部賣出去了；當某種商品供大於求價格下降時，同樣的過程也會反方向發生作用，使供求平衡。價格不斷地變動調節供求，就是看不見的手調節經濟活動，使資源配置實現最優化的過程。價格在經濟中的這種作用，同樣是其他手段（如計畫經濟下的行政手段）所不能代替的。

乍看之下，市場經濟有無數互不相關的獨立決策者，又沒有一個明確的協調機構，但市場經濟的運行卻非常和諧而有序，其奧妙正在於價格的自發調節作用。每一種因素引起的變動都會在價格調節之下得以完滿的解決。例如：更多的年輕人由於受媒體宣傳的影響喜愛聽通俗歌曲，這時對通俗歌曲演唱會的需求增加而供給未變，價格上升。消費者用願意購買高價票表達了他們對通俗歌曲的熱愛。通俗歌曲演唱會門票價格上升使唱通俗歌曲成為一個有利的行業，願意當通俗歌手的人也增加了，其中一定會有一些人成功，成為歌星。歌星增加，通俗歌曲演唱會增加，門票價格又會下降。當價格變動到消費者願意支出而歌手也願意接受時，通俗歌曲演唱會市場實現了供求均衡，而且這個過程也相當快。如果設想一下，年輕人對通俗歌曲的愛好不能透過價格表現，而是反映給某個中央計劃機

構，再由中央計劃機構下達任務增加歌手（正如計畫經濟下的情況那樣），能有這樣令人滿意的結果嗎？

　　每個人都在價格調節之下作出選擇，這種選擇使資源配置實現供求相等的最優化，這就是價格自發調節下市場經濟所實現的效率。正是這種效率使市場經濟戰勝了計畫經濟。

2.3 五元票價的衝擊

　　如前所述，價格要能起到這種作用，就必須沒有什麼供求之外的因素影響價格的決定與變動。換言之，價格是在自發地起著調節經濟的作用。如果某種外在的力量（如政府）要限制價格的決定，或人為地決定價格，並以行政或立法的非經濟強制力量來實行這種非市場價格，會發生什麼結果呢？我們用兩個實例來分析這個問題。

　　例一：某些醫院專家門診的最高價格為14元。這是政府規定的專家門診的最高價格，違反這一規定就是違法。這種價格稱為價格上限或最高價格。這種價格會引起什麼後果呢？由於價格低，無論大病、小病，人人都想看專家門診。但由於價格低，專家看病的積極性並不高，這樣供小於求，存在短缺。在存在短缺而價格又不能上升的情況下，只有三種方法來解決這一問題。第一，採用配給制，即由醫院決定誰能看專家門診。這時，掌管掛號的人就有可能出現受賄現象，即誰送禮就把號給誰。第二，採用排隊制，即按先來後到的順序排隊掛號，每天有限的號掛完為止。這時，病人為了能看到專家門診就要提前排隊（或由親友排隊）。排隊使人們把本來能用於從事生產活

動的時間用於不帶來任何產品或勞務的排隊，是一種資源浪費。第三，出現黑市，即出現了一批以掛號爲業的號販子，他們把每個號賣到100元。儘管公安部門屢次打擊號販子，但由於豐厚的利潤（價格上限14元與黑市價格100元之間的差額86元），號販子屢禁不止。最近，醫院爲了對付號販子，實行了實名制看病（用身分證掛號就醫），但仍沒解決問題，變化只是號販子由賣號變爲賣排隊的位子，可見只要存在價格上限，短缺就無法消除，號販子絕不會消失。

其實正確的做法是放開價格，隨著價格上升，人們的需求減少（小病不找專家，大病、疑難病症才找專家），願意看病的專家增加，才能最終實現供求相等。這時，號販子無利可圖，自然也就消失了。有關部門出於對專家門診價格太高，許多低收入者看不起病的擔心而限制價格，出發點無可厚非，但在供小於求、號販子橫行的情況下，低收入者就可以看得起或看得上專家門診了嗎？當然，放開專家門診涉及到更廣泛的醫療改革問題（如醫院分級收費、醫與藥分開、完善社會保障體系等），但看來要解決專家門診的供求矛盾，從根本上鏟除號販子，還是要放開價格。這正是醫療市場化改革的重要內容之一。

例二：四川成都把電影票的最低價格定爲10元。這是政府規定的電影票的最低價格，違反這一規定就是違法。這種價格稱爲價格下限或最低價格。這種價格會引起什麼後果呢？由於價格高，許多人不願意看電影，或看不起電影，因此，去電影院看電影的人很少，電影院門可羅雀。這時電影院的供給大於群眾看電影的需求，存在過剩現象，電影院效益低下，虧損嚴重，有些要靠政府補貼生存，有些則改作他用。本來電影是人

們重要的娛樂方式，也是教育人民、提高精神文化的重要手段。但在高價格之下，電影卻沒人看。許多人就去買盜版光碟，這反而又助長了違法的盜版光碟生產。

成都峨眉影業公司率先打破這一規定，推出了5元票價。這種做法使電影院重新火爆起來，許多幾年沒進過電影院的人都去看電影，電影院賣座率大大提高，影院的收入也大大增加。但對這樣一件放開價格的好事卻引起有關方面的反對，以至全國爆發了一場關於5元票價的大爭論。儘管有關方面以擔心電影院之間發生價格戰為由反對這種做法，但5元票價得到經濟學界和廣大觀眾的一致歡迎，以後又出現了鄭州的2元票價，及其他地方的降價。這件事說明，有些部門仍深受計畫經濟的影響，總想人為地控制價格。5元票價的衝擊和意義實際已經超出了電影界。

改革二十多年來，中國大陸經濟有了長足發展，經濟已由供給短缺變為供給充分（甚至過剩），其關鍵就在於放開了價格。廣東在改革之初放開魚價，曾引起魚價上升。但這種上升有力地刺激了養魚業的發展，現在人們可以吃到豐富而價格又不高的魚了。可以說，我們改革的成功正在於利用了價格的調節作用。但在有些部門，價格仍未放開，存在不同形式的限制價格（當然以後我們會說明有些情況下，價格還應該受到限制），這就引起短缺或過剩問題。市場經濟的原則是能由價格調節的儘量交給價格去調節，充分發揮價格的調節作用。以後的市場經濟改革還應該沿著這個方向發展、深化。

2.4 薄利多銷與穀賤傷農

在以上的分析中，我們說明了需求量與價格之間反方向變動的關係。但從經驗中我們可以知道，這兩者並不是同比例變動的。如果中小學教科書和小說都提價50％，誰都知道中小學教科書的需求量幾乎不會減少，而小說的需求量則會大大減少。說明需求量與價格之間數量關係的概念是需求彈性。這個概念對我們運用供求關係分析各種經濟問題是十分有用的。

需求彈性又稱需求價格彈性，指需求量變動對價格變動的反應程度，用需求量變動的百分比除以價格變動的百分比來計算。例如：某商品的價格上升了10％，需求量減少了15％，則需求彈性為1.5（按計算應該是－1.5，為了方便取其絕對值）。

不同的商品需求彈性不同。如果需求彈性大於1，則為需求富有彈性；如果需求彈性小於1，則為需求缺乏彈性。需求富有彈性是小幅度的價格變動引起需求量大幅度變動（如小說），需求缺乏彈性是大幅度的價格變動引起需求量小幅度變動（如中小學教科書）。決定某種商品需求彈性大小的因素，主要是需求強度和替代品的多少。一般而言，生活必需品缺乏彈性而奢侈品富有彈性，替代品越少越缺乏彈性，替代品越多越富有彈性。例如中小學教科書就是由於必需且無替代品（指定用書），極為缺乏彈性；小說則屬於休閒的奢侈品且有許多替代品（其他休閒類書）而富有彈性。

從需求彈性我們還可以推導出其他彈性：某種物品需求量變動與收入變動之間的關係是需求收入彈性；一種物品需求量

變動與另一種物品價格變動之間的關係是需求交叉彈性；某種物品需求量變動與該物品廣告支出變動之間的關係是需求廣告彈性；某種物品供給量變動與其價格變動之間的關係是供給彈性等等。這些彈性概念對我們分析許多現實問題極為有用，是重要的分析工具。我們來看兩個例子。

例一：為什麼某種化妝品降價會實現薄利多銷，而小麥降價卻使農民受損失。

我們知道，化妝品屬於奢侈品且有眾多替代品，因此，需求富有彈性。需求富有彈性的商品價格變動百分比小，而需求量變動百分比大。總收益等於銷售量（即需求量）乘價格。當這種物品小幅度降價時需求量大幅度增加，從而總收益增加，這就是薄利多銷的含義。但小麥屬於生活必需品且替代品少，因此，需求缺乏彈性。需求缺乏彈性的商品價格變動百分比大，而需求量變動百分比小。當這種物品大幅度降價時需求量只有少量增加，從而總收益減少。這就是穀賤傷農的原因。

例二：如果對高檔奢侈品徵稅，誰將承受這種稅收的負擔。

乍看之下，答案很簡單，誰購買這些高檔奢侈品當然是誰納稅，誰承受稅收負擔。實際上問題並不是這麼簡單，直接納稅人並不一定是最後的稅收承擔者。有些稅納稅人也是稅收承擔人，如個人所得稅。但有些稅納稅人可以把稅收負擔轉嫁出去，如香菸的稅收由生產者和經營者交納。但可以透過提價來轉移給消費者，實際上最後是菸民承擔了稅收負擔。這個問題是稅收歸宿問題，涉及到稅收負擔在生產者和消費者之間的分攤。稅收分攤則與彈性概念相關。一般來說，如果需求富有彈性而供給缺乏彈性，稅收負擔主要由生產者承擔；如果需求缺

乏彈性而供給富有彈性,則稅收負擔主要由消費者承擔。香菸就是後一種情況,而高檔消費品則屬前一種情況。高檔奢侈品屬奢侈品且有眾多替代品,需求富有彈性,但在短期中生產難以減少,故而供給缺乏彈性。這樣高檔奢侈品的稅收實際落在了生產者身上。1990年美國國會決定對豪華汽車、遊艇等高檔消費品徵稅,其目的是讓消費這些物品的富人交稅,以幫助窮人。結果富人不消費這些物品(用國外旅遊等替代),稅收由生產者承擔,生產者無法經營只好解僱工人,旨在幫助窮人的政策卻害了窮人,1993年不得不取消了這種稅收。

　　以上這兩個例子說明,彈性的概念對產品定價、政府制定政策都十分重要。瞭解了這個概念對許多問題的分析會更深入,能透過現象看到本質,因此,彈性概念是供求分析工具中一個重要的組成部分。

　　供求由生產者與消費者決定,那麼,消費者與生產者又如何決策呢?這正是我們以下幾章的內容。

家庭的決策

經濟學是一門使人生幸福的藝術。

——蕭伯納

　　蕭伯納（George Bernard Shaw, 1856-1950），著名的英國戲劇作家、文學家和社會主義宣傳家，1925年獲諾貝爾文學獎。蕭伯納以寫喜劇著稱，為人言談詼諧而幽默。他對經濟學家亦有嘲諷，在談到經濟學家之間的爭論時，他說：「如果把所有經濟學家首尾相接地排成一隊，他們也得不出一個結論。」但我們所引用的他的關於經濟學的這段話，的確是至理名言。

家庭既是消費者，也是生產要素供給者，它作出選擇決策的目的是爲著自己的利益。在市場經濟中它如何作出決策，作出哪些決策，這些決策又如何影響經濟呢？

3.1 幸福＝效用／欲望

經濟學所研究的實際是面對限制條件下的最大化問題。這就是說，社會和每個人都面臨稀缺性（這就是限制條件），所作出選擇的目標是實現利益最大化。這適用於各種決策，也同樣適用於家庭。

家庭或者個人所追求的是自己的最大幸福。這就是說，人要使自己這一生過得儘可能幸福。對於幸福，不同人有不同的理解，哲學家把實現個人自由作爲幸福；文學家把浪漫情調作爲幸福；政治家把實現自己的理想抱負作爲幸福；企業家把商業成功作爲幸福；而凡夫俗子往往覺得「平平淡淡就是福」。不同的人對幸福有不同的理解，如果這樣，經濟學家就無法用一個客觀標準來研究幸福了。爲了把幸福作爲一個經濟問題來研究，美國經濟學家薩繆爾森提出了一個幸福方程式：幸福＝效用／欲望。這就是說，幸福等於效用與欲望之比。

從這個公式來看，幸福取決於兩個因素：效用與欲望。當欲望既定時，效用越大，越幸福；當效用既定時，欲望越小越幸福。效用與幸福同比例變動，欲望與幸福反比例變動。但是，如果我們把欲望作爲無限的，這個公式就沒有意義了。因爲無論效用有多大，只要它是一個既定的量，與無限的欲望相比，幸福都是零，因此，在從經濟學的角度研究幸福時，我們

假定欲望是既定的，這種假定與現實也並不矛盾。因為儘管從發展的角度看，欲望是無限的；但在某一個階段內，欲望可以看作既定的。欲望的無限性表現為一個欲望滿足之後又會產生新的欲望，在一個欲望未滿足前，我們可以把這個欲望作為既定的。當欲望為既定時，人的幸福就取決於效用，因此，我們簡單地把追求幸福最大化等同於追求效用最大化。

效用是人從消費某種物品（或勞務）中所得到的滿足程度。一般情況下，消費的各種物品越多，所得到的效用也越大。這樣，我們又可以把效用最大化與占有的物品最多化聯繫起來。當物品價格為既定時，收入越多，所能購買的物品越多，這樣，物品最多化也就是收入最大化。這樣，我們就可以把效用最大化和收入最大化都作為家庭決策的目標，它們在家庭的不同決策中起著作用。

家庭實現這種效用或收入最大化的限制條件是所擁有的資源。家庭的資源有勞動、資本和土地（及其他自然資源）。但對一般人而言，主要還是勞動。勞動是人的體力與智力的支出，每個人擁有的勞動時間與勞動質量都是有限的。例如人一天能勞動的時間最多不過24小時，這就是資源的有限性。人的決策正是要以有限的資源實現效用或收入的最大化。

在經濟中，家庭提供自己的資源得到收入，並把收入用於儲蓄（或投資）和消費，因此，家庭的決策包括了四個內容：第一，提供多少資源（勞動）；第二，把多少收入用於儲蓄（或投資），多少用於消費；第三，如何進行儲蓄（或投資）；第四，如何進行消費。

在市場經濟中，調節家庭決策的仍然是價格。家庭的任何一種決策都是以最大化為目標對價格所作出的反應。我們以下

分別研究家庭的每一種決策。

3.2 中彩票者完全不工作

　　家庭所擁有的資源——時間，是有限的，家庭要把這種時間配置於兩種活動——工作與閒暇之間，這種配置就決定了提供多少勞動。

　　這裡所說的「工作」指一切有酬的活動，「閒暇」指一切無酬的活動，包括家務勞動或其他社會義務勞動，當然也包括休息。決定家庭把多少時間用於工作，多少時間用於閒暇的，是勞動的價格——工資，如每小時勞動若干元。

　　工資的變動透過替代效應和收入效應來影響勞動的供給。替代效應是指工資增加引起的工作對閒暇的替代。閒暇沒有收入，但閒暇以放棄工作爲代價，所以，可以用工作的報酬——工資，來衡量閒暇的機會成本。如果工作一小時工資爲10元，那麼，閒暇一小時的機會成本就是10元。隨著工資增加，閒暇的機會成本增加，人們就要減少閒暇，用工作來代替閒暇。這就是說，工資增加引起的替代效應使家庭提供的勞動供給增加。

　　工資增加還會引起另一種效應——收入效應。這就是隨著工資增加，人們的收入增加。我們知道，收入增加引起消費者對各種正常物品（隨收入增加而增加的物品）需求增加。閒暇也是一種正常物品，因此，隨著收入增加，對閒暇的需求也增加。要增加閒暇必須減少工作，因此，工資增加引起的收入效應是使家庭提供的勞動供給減少。

　　工資的變動同時產生替代效應和收入效應，但這兩種效應對勞動供給的影響正好相反。最後的結果如何取決於哪一種效應大。具體來說，如果工資增加引起的替代效應大於收入效應，則隨著工資增加，家庭提供的勞動供給增加；反之，如果工資增加引起的收入效應大於替代效應，則隨著工資增加，家庭提供的勞動供給減少。

　　家庭提供勞動的決策既要考慮所得到的收入，又要考慮閒暇。收入增加購買的物品增加會帶來效用增加，閒暇增加也會帶來效用增加。家庭的決策是為了效用最大化，因此，就要綜合考慮物品的效用與閒暇的效用。一般的規律是，當收入水平低時，物品所帶來的效用往往大於閒暇帶來的效用，因此，替代效應大於收入效應，隨著工資增加，家庭提供的勞動增加；隨著收入水平提高，物品所帶來的效用遞減，而閒暇帶來的效用增加，當收入達到一定水平之後，物品所帶來的效用小於閒暇所帶來的效用，這時，收入效應大於替代效應，隨著工資增加，家庭提供的勞動減少。每個家庭都是這樣作出決策的，因此，從整個社會來看，在經濟發展的初期階段，勞動供給隨工資增加而增加。但在經濟發展到一定階段之後，勞動供給就會隨工資增加而減少。

　　如果我們考慮一下每個家庭的勞動供給決策，就知道這個模式概括了一般的行為方式。當家庭收入低時，隨著工資提高，家庭勞動人口增加（婦女走出家庭參加工作，甚至子女輟學工作），每個人勞動時間也延長，這就增加了勞動供給。但當家庭收入達到一定水平時，隨著工資提高，家庭勞動人口減少（婦女回家相夫教子，子女上學時間更長），每個人勞動時間也減少（現在歐洲有些國家的週工作時數已減少至35小時）。在現

代社會中，社會勞動增加主要是由於人口增長引起的勞動者增加，而不是依靠每個勞動者勞動時間的延長。經濟學家還用中彩票者完全不工作說明了這一點。中彩票獲巨獎相當於工資收入突然極大提高，因此，收入效應遠遠大於替代效應，家庭選擇完全不工作。

　　如同物品的價格調節供求，使之均衡一樣，勞動的價格──工資，也調節勞動的供給，使之均衡。我們這裡所分析的是工資變動如何透過替代效應和收入效應影響家庭勞動供給的決策，從而影響勞動供給。另一方面，工資的變動也影響企業的勞動需求。工資的變動使勞動供求相等。

3.3 及時行樂

　　家庭在透過提供勞動獲得收入之後，把多少收入用於消費，多少收入用於儲蓄呢？這種決策同樣取決於效用最大化的目標。

　　家庭把收入用於消費是在現在購買物品（與勞務），以便獲得效用，可以稱之為現期消費。家庭把收入用於儲蓄目的仍然是為了消費，不過不是為了現在的消費，而是為了未來的消費。消費者是理性的，所以，家庭作出這個決策時所考慮的目標不是現在一時的效用最大化，而是一生的效用最大化。

　　家庭在決定把多少收入用於現期消費（消費），多少收入用於未來消費（儲蓄）時，認為現在的一元消費和未來的一元消費是不同的。因為未來是不確定的。這就是說，家庭知道現在用一元所買的東西能帶來的效用，但對未來一元所買的東西能

帶來多少效用則不能確定。例如未來如果發生了通貨膨脹，則同樣的一元未來買的東西就比現在少，或者即使能買到同樣的東西，未來東西的效用也不如現在的東西大。這就是人們對同樣數量現在消費的評價要大於未來消費，或者對現在一元的評價要大於未來的一元。「及時行樂」這句話正說明了人們的這種心態。

在家庭對同樣數量現期消費的評價大於未來消費的情況下，要使人們放棄現期消費進行儲蓄，或者說要使人們用未來消費來代替現期消費，就必須提供一種補償，或稱為「時間貼水」。這種補償就是為儲蓄提供利息收入。當利息高到一定程度時，人們就願意減少消費，增加儲蓄。利率是資本的價格，利率決定家庭消費與儲蓄的決策。只要利率高到一定程度，家庭就會用儲蓄替代消費。假設利率為一年10％，現在消費的100元，在第二年時就可以消費110元。如果家庭認為第二年消費的110元所得到的效用大於或至少等於現在消費的100元，它就會放棄現在消費的100元，而把這100元用於儲蓄；反之，如果家庭認為第二年消費所得到的效用小於現在消費的100元，它就要把這100元用於現在的消費，而不是用於儲蓄，因此，家庭消費與儲蓄的決策是根據利率——資本的價格做出的。

家庭的儲蓄決定了資本的供給，企業的投資決定了資本的需求，利率的自發調節使資本的供求相等。

當然，決定家庭儲蓄與消費決策的還有其他因素，例如：家庭所處的生命週期階段（家庭處於中年時期時，收入中用於儲蓄的部分多，以便為退休後的生活作準備）、社會保障的完善程度、家庭未來的必要支出——如子女學費的多少、父母給子女留遺產的動機等。但無論如何，利率是一個重要的因素。

3.4 不要把所有的雞蛋放在一個籃子裡

　　家庭收入中用於消費之後的部分統稱為儲蓄。但這種儲蓄可以採取多種形式，既可以作為儲蓄存入銀行，也可以用於直接投資。直接投資又分為金融資產投資、實物資產投資和人力資本投資。金融資產是在金融市場上購買債券和股票，債券包括中央政府債券、地方政府債券和公司債券。實物資產投資包括房地產、藝術品等的投資。人力資本投資是對人體力與智力的投資。如花錢受教育或接受某種職業培訓，這種支出形式能提高工作和賺錢能力，稱為人力資本投資。

　　家庭進行儲蓄或投資的目的是為了未來的收入最大化。這種收入的大小可以用收益率來表示。但值得注意的是，由於未來是不確定的，今天的投資要在未來才有收益，所以未來的收益是不確定的。這就是說，家庭在作出儲蓄或投資決策時，既要考慮到儲蓄和各種形式投資的收益，又要考慮到它們的風險。一般的情況是一種形式的投資，其風險越大，收益也越大；風險越小，收益也越小。例如銀行存款幾乎沒有什麼風險，所以利率也不高；某些新型高科技公司發行的垃圾債券或股票，風險極大，一旦這些企業破產，則這些債券與股票就一文不值。但其收益也大，即一旦這些公司成功，則收益率極高。

　　在考慮到風險時，收益率就是未來預期的收益率，這種收益率要考慮到風險的情況。例如：購買某公司的股票1萬股共100萬元，獲得20％紅利的概率為0.4，獲得10％紅利的概率為

0.4，無紅利的概率爲0.2（可以根據該公司以前的紅利情況計算出這些概率）。在這種情況，該公司未來預期的收益爲：

（100萬×0.2）×0.4＋（100萬×0.1）×0.4＋（100萬×0）×0.2=8萬＋4萬＋0=12萬

這時，未來的預期收益率爲：

12萬÷100萬=0.12

這12％就是考慮到該股票可能存在的風險時，未來所能獲得的收益率。

我們假設在現實中一般家庭都是風險厭惡者，即不喜歡風險，也可以說風險厭惡是人們的共同偏好。在這種偏好爲既定時，要鼓勵人們願意從事風險投資，有風險時的未來預期收益率就要大於無風險時的未來預期收益率。這兩種收益率之間的差額稱爲「風險貼水」，即給予承擔風險的報酬。假設無風險的銀行存款利率是8％，有風險的股票的未來預期收益率爲12％，則這兩者之間的差額4％就是風險貼水。如果無風險時的收益率與有風險時未來預期收益率相等，風險厭惡者就不會投資於有風險的項目。

家庭在作出儲蓄與各種投資的決策時，既要考慮收益又要考慮風險。爲了使風險最小而收益最大，家庭要投資於各種有不同風險與收益的資產。這就是說，既不能完全投資於無風險的項目（如銀行存款），又不能完全投資於有風險的項目（如公司債券或股票），而是要把不同風險與收益的項目組合起來。這種做法稱爲資產組合。資產組合的中心用一句俗話來概括就是「不要把所有的雞蛋放在一個籃子裡」，或者說，要實現投資的

多元化。

在現代社會裡，家庭的儲蓄與投資決策是十分重要的。從整個經濟而言，這種儲蓄與投資是資本的重要來源，影響整個經濟的發展。對個人而言，這是增加收入，實現自己收入與效用最大化的重要手段。投資涉及到許多專業知識，而且，在家庭資產有限時要實現多元化也不容易。這樣，在現代社會就產生了投資諮詢公司和共同基金。投資諮詢公司為個人投資理財提供專業服務，共同基金把個人的投資集中起來由專業人進行多元化投資。這些都為家庭作出儲蓄與投資決策提供了方便。

3.5 吃第三個麵包和吃第一個麵包感覺是不同的

家庭用於消費的支出要購買各種物品與勞務，家庭消費這些物品與勞務的目的是實際效用最大化，即從消費這些物品與勞務中所得到的總滿足程度最大化，或者說總效用最大化。家庭在作出這種決策時的限制條件是家庭能用於購買這些物品與勞務的收入是有限的（無論絕對量是多少，它總是一個既定的量），以及這些物品與勞務的價格是既定的（由整個市場的供求關係決定）。在收入與物品和勞務的價格既定時，如果家庭購買的物品與勞務實現了效用最大化，就實現了消費者均衡。

如前所述，效用是消費者消費某種物品或勞務時所得到的滿足程度。效用是一種主觀心理感覺，一種物品或勞務給消費者帶來的效用大小完全取決於消費者本人的評價。同一種物品或勞務會給不同的消費者帶來不同的效用。我們在分析效用最大化問題時涉及到兩個概念：總效用和邊際效用。總效用是消

費一定量某種物品與勞務所帶來的滿足程度。邊際效用是某種物品的消費量增加一單位所增加的滿足程度。我們還記得邊際一詞是指兩個變數之間變動的關係。自變數變動一單位引起因變數變動的大小就是邊際量。在邊際效用這個概念中，某種物品的消費量是自變數，滿足程度的增加量是因變數，所以，消費量增加一單位引起的滿足程度增加量就是邊際效用。

我們可以用一個例子來說明總效用和邊際效用的概念：假設我們消費一個麵包的總效用為10個效用單位，2個麵包的總效用為18個效用單位，3個麵包的總效用為23個效用單位，4個麵包的總效用為25個效用單位。當消費的麵包從一個增加到2個時，總效用從10個效用單位增加到18個效用單位，邊際效用是8個效用單位；當消費的麵包從2個增加到3個時，總效用從18個效用單位增加到23個效用單位，邊際效用是5個效用單位；當消費的麵包從3個增加到4個時，總效用從23個效用單位增加到25個效用單位，邊際效用是2個效用單位。

從上面的例子中可以看出隨著消費的麵包數量增加，邊際效用是遞減的。這並不是我們有意編造的例子，而是反映了消費中的一個重要規律：邊際效用遞減規律。這一規律指隨著某種物品消費量的增加，滿足程度（總效用）也在增加，但所增加的效用（邊際效用）在遞減，這種現象普遍存在於各種物品與勞務的消費中，因此稱為一個規律。其實這種現象在生活中早已體驗過，在上述例子中，吃第一個麵包與第三個麵包的感覺肯定不同。儘管麵包質量相同，但會感覺到第一個麵包又香又甜，而第三個麵包味同嚼蠟，這就是邊際效用遞減。

可以用各種理由來解釋邊際效用遞減，但最重要的是一種生理解釋。效用，即滿足程度是人神經的興奮，外部給一個刺

激（即消費某種物品給以刺激，如吃麵包刺激胃），人的神經興
奮就有滿足感（產生了效用）。隨著同樣刺激的反覆進行（消費
同一種物品的數量增加），興奮程度就下降（邊際效用遞減）。
這個規律說起來很簡單，但對我們理解消費者的行為，說明家
庭如何消費十分重要。

家庭要在收入與價格為既定的情況之下實現效用最大化。
家庭要購買各種物品與勞務，目的是實現效用最大化。如何實
現呢？我們假設家庭只購買並消費兩種物品：麵包與飲料。經
濟學研究家庭行為時得出的結論是：第一，家庭用於購買麵包
和飲料的支出正好應該等於用於消費的收入。在家庭收入和麵
包與飲料的價格既定時，多消費一種東西就要少消費另一種東
西。第二，消費的這兩種物品所帶來的邊際效用與價格之比要
相等，即麵包的邊際效用／麵包的價格＝飲料的邊際效用／飲
料的價格。在滿足了這兩個條件時，消費者就實現了效用最大
化。

消費者效用最大化的條件是經濟學家分析決定家庭消費的
因素所得出來的，可以用數學方法加以證明。當然，現實中即
使是經濟學家，在購買物品時也很少想到如何比較所購買各種
物品的邊際效用與價格的比例。但這種理論的確是對消費者無
意識行為背後決定因素的說明。它叫以解釋消費中的各種現
象。我們在生活中儘量要使消費的物品與勞務多樣化，例如買
衣服時不會購買若干件同樣的衣服，總要購買若干件不同的衣
服。這就因為，如果同樣的衣服購買若干件就會效用遞減，總
效用自然就減少了，但買不同的衣服，邊際效用不會遞減，總
效用就大。如果相同的價格，你會買不同的東西，但如果同樣
的物品價格下降，你仍然會買。因為你買第一個時邊際效用

高，價格也高，如果買第二個時儘管邊際效用下降了，但價格也下降，這樣，兩者邊際效用與價格之比仍然相同。隨著某種物品增加，給消費者帶來的邊際效用遞減，你願意支付的價格也在減少。因為你要保持邊際效用與價格的比例不變，邊際效用遞減，價格就要下降。這就解釋了為什麼需求量（所願意購買的物品量）與價格反方向變動。或者說，需求定理正是由於消費者的行為所引起的。解釋消費者實現效用最大化的條件正是需求定理成立的理由。這樣看來，抽象的效用最大化條件不就好理解了嗎？無論我們是否瞭解或自覺運用理論，我們的行為總是自覺或不自覺地受理論支配的。

　　解釋消費者行為，即家庭如何消費的理論不僅對消費者有意義，而且對企業也有啟發。消費者進行消費是為了效用最大化，效用是主觀心理現象，因此，企業進行生產一定要瞭解消費者的心理，按消費者的愛好進行生產，這就是「消費者是上帝」的本來含義。此外，邊際效用遞減和消費者效用最大化的條件還告訴企業，要生產出各種各樣的產品來滿足消費者的需要，不在產品花色上作文章，僅僅追求數量的增加，引起邊際效用遞減，哪能有市場呢？

4. 企業理論

　　由於國有企業改革長時期沒有取得突破，從經濟資源配置的角度看，可以說改革的「大關」還沒有過。

——吳敬璉

　　吳敬璉（1930-　）是中國市場經濟的倡導者，人稱「吳市場」。吳教授對中國當代經濟的許多觀點和分析，在中國產生了重大影響。這裡引用的話是他對國有企業的論述。

吳敬璉先生說：「由於國有企業改革長時期沒有取得突破，從經濟資源配置的角度看，可以說改革的『大關』還沒有過。」這段話點出了目前中國大陸經濟改革中的關鍵問題。國有企業的改革涉及到許多問題，但關鍵的一點是要把國有企業作為真正的企業，而不是作為政府體系中的一個行政單位。什麼是真正的企業？企業在經濟中如何作出決策？這正是我們在以下三章中所要研究的。

企業和家庭一樣是市場經濟中的基本經濟單位，它購買各種生產要素進行生產向社會提供物品與勞務。企業也是經濟人，它生產的目的是實現自己的利潤最大化。當企業在實現這一目的時，遇到了三種限制：一是企業組織內部的效率。在現代社會中企業是一種組織，它的內部比家庭複雜得多，因此，它的內部組織是否協調決定了效率的高低，這種效率對企業的利潤最大化至關重要。二是企業所擁有的資源和技術水平。企業必須有效地配置自己的資源，實現資源配置效率。三是市場競爭。企業只有在市場競爭中把自己的產品賣出去才能實現利潤最大化。前兩個限制因素要在企業內解決。本章「企業理論」論述第一個問題。

4.1 「用手表決」和「用腳表決」

企業已經存在許多年了，但也許是司空見慣了吧，以前很少有什麼人關心企業本身，只把它作為一個生產單位，把它作為其內部組織無須解釋的「黑盒子」。1937年美國經濟學家羅納德·科斯發表了〈企業的性質〉一文，探討企業出現的原因，

這篇文章在六○年代之後才引起人們注意。自從那時以來出現了種種解釋企業組織本身的論著。

企業理論內容極爲廣泛，中心之一是企業的組織形式與企業本身效率之間的關係。市場經濟中不是個人進行生產，然後進行交換，而是組織爲企業進行生產，根本原因還是因爲企業生產的效率高於個人。對這種效率的產生有不同的解釋，如企業內部以計劃方式配置資源來取代市場，從而降低了交易費用；企業內部實行專業化分工與團隊協作提高了效率；企業的規模之大可以實現規模經濟；企業可以更有效地籌集資金，或使用專用設備等等。對這些理論我們這本小冊子不可能一一探討，這裡我們從企業組織形式的角度來分析企業的效率。

在市場經濟中，企業一般採取三種形式：單人業主制、合夥制和公司。

單人業主制企業就是我們俗稱的個體戶，它的特點是企業由一個人所有並經營，所有者與經營者是統一的。這種企業產權明確，責、權、利統一在一個人身上，從這個角度來看，效率是高的。但這種企業的另一個特點是企業規模小。因爲以一個人的財力和能力，企業無論如何是作不大的。企業作不大就不可能有規模經濟、專業化分工等好處。從這種角度看，效率是不高的。此外，單人業主制企業的好壞完全取決於業主本人的素質。在任何一種經濟中，這種企業都是數量最多，但出現快消失也快（美國這種企業的平均壽命是一年左右）。對整體經濟影響並不大。

合夥制企業是若干人共同擁有、共同經營的企業，它的規模可以比單人業主制企業大得多。但它的一個重要缺點是在法律上實行無限責任制，即作爲合夥者的每一個人要對公司承擔

全部責任。假設一個由5人合夥的企業破產了，欠了100萬的債，儘管你只是5個人中的一個，但如果其他4個人都逃走了，你就要承擔全部100萬債務。這種無限責任制使每一個合夥人都面臨巨大的風險。這樣，這種合夥制企業實際上也不能作大。此外，合夥制企業可能出現的另一個問題是產權不明確，從而責、權、利不清楚。例如一些民營企業是家族式企業，這種家族式企業是合夥制企業的一種形式，在這種企業發展過程中，由於產權不明確，往往引起利益分配與決策的矛盾，從而使企業作不大，甚至破產。正因為如此，在市場經濟中合夥制企業並不是主要形式，主要是一些小企業或法律規定必須採用合夥制形式的企業（如律師事務所和註冊會計師事務所）。

　　現代市場經濟中最重要的企業形式是公司。公司實行股份制，股東是公司的共同所有者，但每個人擁有的產權表現為擁有股份的多少，股份的多少也決定了每個股東在公司中的責、權、利。每個公司內並不是每個股東股份都相同，而是有大股東與小股東之分。大股東是極少數，但在公司中有控股權，這就保證了產權集中。應該強調的是，如果股份分散而平均，沒有控制的大股東（即所謂股份合作制），那麼，這種股份制就與公有制一樣無效率。公司中股權的集中是公司效率的基本保證。據美國經濟學家德姆塞茨計算，美國大公司的控股權（25％以上的股權）集中在四家（或四個人）手中。這種股權集中正是美國公司高效率的重要原因之一。同時，公司也有許多保護中小股東利益的規定。如小股東「用手表決」對公司決策難以施加影響（表決權的大小由股份多少決定），但可以「用腳表決」（賣掉股票，離開公司），這就使大股東在決策時要考慮到中小股東的利益。同時，在董事會中設立獨立董事也有助於保

護中小股東的利益。在公司中，產權是明確的，而且可以得到有效保護，這是公司成爲市場經濟中企業主要形式的原因之一。

現代企業需要作大，這樣才能籌集大量資金，實現規模經濟的好處。但以一個人的財力，公司是作不大的。合夥制集中了若干人的財力可以把企業作得大一些。但不僅產權不明確，引起許多問題，而且，實行無限責任制，風險很大，因此，合夥制實際上也作不大。公司的另一個優點就在於實行有限責任制，每個股東僅僅是對其所擁有的股份負責。這樣，公司一旦破產，股東所損失的無非是自己在公司中投入的股份而已。個人可以根據自己承擔風險的願望與能力購買股份，因此，股份制企業可以無限作大，可以籌集大量資金，來進行風險投資。公司最早出現於遠洋運輸、鐵路這類需要大量資金而又有高風險（也有高收益）的行業並不是偶然的。

公司的另一個優點是實行所有權與經營權分離。在這個世界上，有錢的人並不一定有管理企業的能力，有管理企業能力的人又不一定有錢。當所有權與經營權統一在一個人身上時，這個人的能力就是企業發展的最大制約。如果這個人能力不行，企業最終要被他的決策失誤搞垮。從個人的角度看是個悲劇，從社會的角度看是資源浪費。尤其是現代大企業龐大而複雜，並非個人的能力能管好。現代企業的發展是專業化管理，但專業管理人員不一定有資本。股份制公司的出現解決了這個矛盾。這就是實現了所有權與經營權的分離，把管理工作交給有專業知識而無資本的職業經理階層。企業經理階層的出現有利於管理效率的提高，但它也引起了另一個問題，即我們下面就要論述的機會主義行爲。

4.2 機會主義行為

在所有權與經營權分離的現代公司中，包括所有者、經營者、職工等人，它們之間的關係可以稱為委託─代理關係。

在一個現代公司中，董事會是所有者的代表，擁有公司財產的所有權與支配權，有權把公司委託給別人經營管理，稱為委託人。總經理接受董事會委託，代行經營管理的權力，稱為代理人。他們之間的關係就是一種委託─代理關係。但公司中並不是只有這一種委託─代理關係。往上追溯，董事會僅僅是所有者的代表，並不是全部所有者。真正的所有者是全體股東，股東是委託人，董事會是股東的代理人。股東與董事會之間也是委託─代理關係。往下看，總經理並不能事必躬親，也要把他從董事會得到的權力委託出去，如財務權交給財務經理等，這樣，總經理又成了委託人，而部門經理成了代理人，他們之間的關係也是一種委託─代理關係。當部門經理把具體工作交給下面職工時，部門經理與職工之間也是一種委託─代理關係了。所以，現代公司是一系列委託─代理關係的總和。

公司內的各種委託─代理關係是用合約固定下來的，即委託人與代理人之間簽訂合約，合約規定了各方的權、責、利及相關行為規範。合約的簽訂是以資訊為基礎的，這就是說，委託人與代理人之間資訊越完全，所簽訂的合約也就越完善。但在現實中，資訊是不完全的，或者說委託人與代理人之間的資訊是不對稱的，這就使合約是一種不完全合約。

如果公司內各個經濟主體之間的目標是完全一致的，都是

為了企業的利潤最大化，那麼，不完全的委託—代理合約也並不重要。但在現實中，委託人的利益和目標要透過代理人來實現，而不同委託人與代理人的目標並不一致。董事會作為委託人追求利潤最大化，但其他人都有自己的目標。例如：總經理追求企業的穩定與增長，總想把企業作大，使自己的權力控制欲得到滿足。部門經理更多考慮本部門的利益，而職工考慮的可能是工資最大化，或在工資既定時休閒最大化（偷懶或怠工）。如果合約能完全規範各方的行為，這些不同的目標也不成問題，問題就在於不完全合約難以做到這一點。

在這種情況下，各級代理人就會在不違背合約的情況下，為實現自己的目標與利益而損害委託人的利益。例如董事會與總經理的合約中，不可能規定總經理什麼時候可以以公司名義請客或出差。因為在現實中這一切都要由總經理相機抉擇，以有利於公司的整體利益。這樣，總經理就可以以公司業務需要為藉口公款請客，頻頻出差，在社會上擴大自己的影響和知名度，織起一張自己的關係網。這些行為如果超出公司業務的實際需要就侵犯了委託人董事會的利益。因為費用要董事會出（以股東紅利的減少為形式），而好處（關係網帶來的利益）是總經理的。董事會作為委託人難以分清哪些宴請和出差是公司業務所必須的，哪些並不是，這就無法監督總經理的這些行為，合約中也無法作出具體規定。這種在不違背合約情況下代理人以損害委託人的利益為代價實現自己目標或利益的行為就稱為機會主義行為。經濟學家也把這種以公司業務需要為藉口的各種宴會、出差支出稱為總經理的「工作中消費」。工作中的消費是機會主義行為的一種形式。

在公司內，每一個人作為代理人都有可能發生機會主義行

為。例如，合約不可能對每個人的努力程度作出具體規定，其
努力程度也難以觀察和測定。這樣，各層代理人都會偷懶或怠
工，今天該作的事推到明天，或應付了事。這種廣泛的機會主
義行為使公司內部不協調，每個人無法發揮自己的才能，也不
努力幹活。這就引起公司內部效率下降。這種效率低下不是由
於資源配置引起的，美國經濟學家萊賓斯坦稱之為非配置無效
率，同時由於這種效率難以用傳統的方法衡量，所以也稱為X
無效率。

4.3 精神魅力與秘密紅包

　　萊賓斯坦強調了提高非配置效率或X效率的重要性。在資
訊不對稱和合約不完全的情況下，要用合約規範代理人行為來
消除機會主義非常困難；要用監督的方法來消除機會主義又要
支付監督成本，而且監督者本人也無法避免機會主義行為。因
此，消除或至少減少機會主義行為，以提高X效率的方法就是
設計一種合理的激勵機制。

　　激勵機制也稱為次優合約，中心是委託人與代理人利益共
用、風險共擔。這就是說，委託人要給予代理人的努力以補
償，使代理人自願地為委託人的利益努力工作。如果代理人從
委託人得到的補償大於或至少等於進行機會主義行為帶來的滿
足程度，代理人自己就會消除機會主義行為。如果委託人由於
代理人消除機會主義帶來的好處大於或至少等於所支付的補
償，委託人對代理人的激勵就是有效的。

　　我們先來看董事會對總經理的激勵。總經理工作的好壞對

企業X效率的高低是至關重要的。在美國，總經理的收入由三部分組成：固定工資（包括福利）、分紅（或獎金）以及股票期權。固定工資由合約規定，在合約期內不變，這部分收入是對總經理完成各種正常工作的報酬，與業績沒有直接關係。分紅可以採用獎金的形式，也可以由總經理持有一定股份，按股分紅。這部分收入的大小與企業的短期業績相關，企業的短期業績與總經理的努力程度直接相關。股票期權是允許總經理在未來某一時期按現在價格購買一定的股票。企業股票價格主要取決於企業長期獲利能力，是反映企業長期中經營狀況的一個綜合指標。正如一般的期權交易那樣，總經理購買這種股票期權也要支付一定的預付金。如果企業獲利能力提高，股票價格上揚，總經理以低價格購買高價格的股票，就會獲益；如果企業獲利能力下降，股票價格不變甚至下降，總經理當然可以選擇不購買（這是獲得期權的權力），但預付金也損失了。股票期權把委託人與代理人的風險和利益聯繫在一起，有利於激勵總經理長期努力工作，因而得到普遍採用。

對職工的激勵方法也是多種多樣的，最簡單的方法當然是計件工資制。這種方法把業績與收入直接聯繫起來，代價低而易行，對獨立操作的工人（獨立完成某種可計量的部件）和營銷人員較為適用。但對許多協同完成而無法分別計量的工作則不適用。在許多企業中，用更多的是這幾種方式：第一，根據一套考核標準支付獎金。第二，實行員工持股計畫。這種方法是讓企業的骨幹人員（如部門經理這級中層管理人員和重要的技術人員）持有公司股份。這種持股可以是持有幹股（僅僅有按股份分紅的權力，而不能轉讓，也無投票權），也可以規定在一定條件之下這種幹股可以部分或全部轉為普通股。這種方法

被廣泛採用,如美國沃爾馬連鎖商業成功的經驗之一,就是從一開始就採用了這種員工持股計畫。第三,分享制,即把全體員工的利益與企業的利益聯繫在一起,每年按企業的經營狀況決定每個員工的收入,許多日本企業採用了這種方法。有些美國經濟學家認為,這是日本企業成功的重要原因之一。第四,效率工資制。效率工資是高於市場均衡工資水平的工資。企業向員工支付這種高工資可以吸引最好的工人,可以使工人努力程度提高,也可以減少工人的流動性。1914年美國福特公司支付給工人每天5美元的工資(當時市場均衡工資是2.34美元)就是效率工資。這種工資制度在福特公司獲得成功,現在亦被許多公司普遍採用。

激勵機制的原則並不複雜,關鍵是具體採用什麼做法最有效。在實行激勵機制時有三個問題值得注意。

第一個問題是,從理論上來看並沒有哪一種激勵機制是最優的。哪一種激勵機制最好取決於不同國家、地區、行業和企業的具體情況。任何一個公司都不能照搬其他公司的方法,而要從自己的實際情況出發,設計最適用於自己的激勵機制。例如:二十世紀七〇年代一些美國經濟學家考察了日本企業之後發現分享制是日本企業效率高的重要原因,於是就想把這種機制引入美國企業,但結果並沒有成功。他們的失敗就在於忽視了日美兩國在文化傳統和企業制度上的差別。日本的文化傳統是強調集體主義精神,企業實行終生僱用制,因此,分享制就有效。美國的文化傳統是個人主義精神,企業的僱用關係並不穩定,工人流動性大(雇主會隨時解僱員工,員工也會隨時炒雇主的魷魚),這時分享制就難起其應有的作用。

第二個問題是要把物質激勵與精神激勵結合起來。我們所

介紹的激勵機制都著眼於物質激勵。實際上人並不完全是關注物質利益的，他們也希望有精神激勵，包括工作中人與人關係的和諧，企業有一種令人留戀的氣氛，委託人對代理人，上級對員工的真心關切等等。這也就是我們所說的企業文化的一個重要內容。實際上委託人與代理人之間除了物質利益關係之外，還有一種精神上的配合或默契。許多企業能擺脫困境依靠的並不是物質激勵，而是一種精神激勵，例如：對某種事業的共同追求、委託人的精神魅力等等。

　　第三個問題是激勵機制的制度化和公開化。激勵機制作為一種方法要用制度確定下來，按制度行事。這種制度應該得到廣泛認可，一旦確定下來就不能隨委託人的意志而朝令夕改。激勵機制對每個人都是平等的，必須公開，像過去有的企業採用委託人向代理人發秘密紅包的做法，做為一種激勵機制是不可取的。這種做法往往不僅起不到激勵的作用，有時還有相反的效果。只有激勵機制制度化和公開化才能做到有效和公平。

　　讀過這一章的內容，讀者就知道為什麼要把吳敬璉先生的一段話作為本章題詞了。中國大陸的經濟改革還沒有過大關，是因為國有企業的改革沒有取得突破。國有企業的改革應該建立產權明確的現代股份公司，並建立一套相應的激勵機制，用我們介紹的理論對照一下，這個任務完成了嗎？

　　其實不僅國有企業要走股份化之路，民營企業要作大也必須從家族企業轉向股份化企業。這兩種企業殊途同歸，最終都要成為股份制公司。這種公司的建立和發展，正是中國大陸經濟的希望所在。

5. 企業的技術效率與經濟效率

　　如果學生能在經濟學課程中真正理解成本及成本的所有各個層面，那麼，這門課程就算取得了真正的成功。

——約翰·莫里斯·克拉克

　　約翰·莫里斯·克拉克（John Maurice Clark, 1884-1963），其父約翰·貝茲·克拉克也是著名經濟學家。小克拉克子承父業，以研究工業經濟、壟斷與競爭著稱。他的關於競爭問題的許多觀點至今仍被廣泛採用，對成本的重視就是一例。

企業要實現利潤最大化，還要使自己有限的資源得到有效配置，這就是要實現資源配置效率，這種效率涉及到技術效率和經濟效率。

5.1 引進自動分揀機是好事還是壞事

生產是把投入變爲產出的過程，技術是把投入變爲產出的方法。投入是生產中所使用的各種生產要素，包括勞動、資本、土地（自然資源）和企業家才能。產出就是產品或產量。投入與產出之間的物質技術關係稱爲生產函數。技術效率是指投入與產出之間的關係。當投入既定實現了產出最大，或者說當產出既定實現了投入最少時，就實現了技術效率。或者也可以說，當不再增加投入，產出就無法增加時，就實現了技術效率。

經濟效率是指成本和收益之間的經濟關係。成本是企業用於購買投入的所有支出，收益是企業出賣所有產出所得到的收入。當成本既定而收益最大，或者說當收益既定實現了成本最小時就實現了經濟效率。也可以說，當不再增加成本，收益就無法增加時，就實現了經濟效率。

技術效率和經濟效率是密切相關的。成本等於投入的價格乘以所用各種投入的數量；收益等於產出的價格乘以數量。由此可以看出，如果沒有實現技術效率，也就不能實現經濟效率。因爲如果投入沒有得到充分利用，既定的投入沒有實現最大產出，很難有經濟效率。從這個角度看，技術效率是經濟效率的基礎，也是企業實現資源配置效率和利潤最大化的基礎。

　　但是，技術效率並不等於生產效率。這就是說，實現了技術效率並不一定就實現了經濟效率。因為經濟效率涉及到投入與產出的價格。生產同樣的產出可以運用不同投入的組合，同樣的投入組合也可以生產出不同的產出。由於投入和產出價格不同，在這兩種情況下並不一定是實現了技術效率的同時也實現了經濟效率。例如：用100單位勞動和50單位資本或者50單位勞動和100單位資本，都可以生產出100噸小麥，如果勞動價格低而資本價格高，用後一種方法的成本就高於前一種方法，從而實現了技術效率而沒有實現經濟效率。再如：用100單位勞動和50單位資本同樣可以生產出100噸小麥或100噸玉米。如果小麥價格高而玉米價格低，生產玉米就實現了技術效率而沒有實現經濟效率。

　　區分技術效率和經濟效率對企業決策是十分重要的。舉一個現實例子，近年來中國大陸郵政實行信件分揀自動化，引進自動分揀機代替工人分揀信件，從純經濟學的角度，即從技術效率和經濟效率的同時實現來看，這是一件好事還是壞事呢？

　　假設某郵局引進一台自動分揀機，只需一人管理，每日可以處理10萬封信件。如果用人工分揀，處理10萬信件需要50個工人。在這兩種情況下都實現了技術效率。

　　但是否實現了經濟效率還涉及到價格。處理10萬封信件，無論用什麼方法，收益是相同的，但成本如何則取決於機器與人工的價格。假設一台分揀機為400萬元，使用壽命10年，每年折舊為40萬元，再假設利率為每年10％，每年利息為40萬元，再加分揀機每年維修與人工費用5萬元。這樣用分揀機的成本為85萬元。假設每個工人工資1.4萬元，50個工人共70萬元，使用人工分揀成本為70萬元。這種情況下，使用自動分揀

機實現了技術效率，但沒有實現經濟效率，而使用人工既實現了技術效率，又實現了經濟效率。

從上面的例子中可以看出，在實現了技術效率的情況下，是否實現了經濟效率就取決於生產要素的價格。如果使用自動分揀機的成本沒變，而工人工資上升到1.7萬元，則兩種方法都實現了經濟效率。如果工人工資高於1.7萬元，或分揀機價格下降，利率下降，則使用自動分揀機可以實現經濟效率。

當然，如果我們從社會角度看問題，使用哪種方法還要考慮每種方法對技術進步或就業等問題的影響。但如果僅僅從企業利潤最大化的角度看，則只考慮技術效率和經濟效率。這兩種效率的同時實現也就是實現了資源配置效率。

5.2 一個烤麵包房需幾個工人操作

在分析企業的技術效率時，我們分析產出與勞動和資本之間的關係。在投入中我們不考慮土地和企業家才能，是因為在一定時期內，土地（自然資源）總是固定的，企業家才能在生產中十分重要，但難以用具體指標衡量，因此為了簡單起見，投入中只包括勞動和資本。如果我們用 Q 代表產出，L 代表勞動，K 代表資本，這時，我們分析技術效率所用的生產函數就是：$Q = f(L, K)$。

在分析企業的技術效率時我們還要區分短期和長期，經濟學上所說的短期與長期並不是根據時間的長短來劃分的，而是根據投入的變動情況來劃分的。如果投入中有一些投入可以變動（稱為可變投入），而有另一些投入不能變動（稱為固定投

入），這種時期就是短期。如果所有投入都可以變動，這種時期就是長期。我們之所以不以時間爲標準劃分短期與長期，就因爲不同行業中投入調整所需要的時間是不同的。例如，在重工業中調整設備所需要的時間在3年左右，3年之內只能調整勞動等投入，這樣，3年以下就是短期，而3年以上才是長期。相反，在一些輕工行業，調整包括設備在內的所有投入只需要1年，這樣，1年以上就是長期，1年以下才是短期。

我們首先分析企業短期中技術效率的實現。在分析短期時，我們假設固定投入是資本，可變投入是勞動。我們分析短期技術效率的實現就是要說明在資本不變的情況下，如何投入勞動才能實現產出最大。在進行這種分析時，涉及到三種產量：總產量、平均產量和邊際產量。總產量是在資本不變時投入的勞動所生產的全部產量；平均產量是平均每單位勞動所生產的產量；邊際產量是每增加一單位勞動投入所增加的產量。短期技術效率的實現涉及到勞動投入變動與這三種產量之間的關係。

要瞭解這三種產量之間的關係又必須瞭解生產中的一個基本規律——邊際產量遞減規律。這個規律的內容是，在生產技術不變和一些投入爲固定時，增加一種可變投入所增加的產量（邊際產量）遞增，但如果這種投入一直增加下去，所增加的產量就會遞減，甚至成爲負數。這是因爲開始時，可變投入增加使固定投入得到更充分利用，但如果一直增加下去，固定投入已得到充分利用後，可變投入的效率就遞減了。例如：一個麵包房有2個烤麵包爐爲固定投入，當可變投入勞動從一個工人增加到兩個工人時，烤麵包爐得到充分利用，工人的邊際產量遞增，但如果增加到3個、4個，甚至更多工人時，幾個人用一個

烤麵包爐，每個人的邊際產量自然會遞減，甚至成為負數。在生產技術沒有重大變動，固定投入也不變的短期內，這個規律對企業實現技術效率十分重要。

邊際產量的變動影響總產量和平均產量。當邊際產量遞增時，總產量也遞增；只要邊際產量大於零，總產量就在增加；當邊際產量為零時，總產量達到最大；當邊際產量為負數時，總產量絕對減少。邊際產量與平均產量的關係是：當邊際產量大於平均產量時，平均產量遞增；當邊際產量小於平均產量時，平均產量遞減；當邊際產量等於平均產量時，平均產量達到最大（總量與邊際量，以及邊際量與平均量之間的關係可以用數學證明）。

在短期中，當我們增加一種可變投入（勞動）時，會引起邊際產量、平均產量和總產量的變動。我們投入多少可變投入就由這種變動決定。當我們增加可變投入時，邊際產量遞增，這時總產量遞增，平均產量也遞增，在這一階段，增加一種可變投入當然是有利的。當邊際產量與平均產量相等時，平均產量最大。平均產量也就是一種投入的生產率，這時一種可變投入的效率（如果這種可變投入是勞動，也就是勞動生產率）達到最大。可變投入繼續增加，儘管平均產量在減少，但由於邊際產量仍然是止數，所以，總產量仍然在增加，當邊際產量為零時，總產量達到最大。

根據這種關係，在短期中一種可變投入投入多少能實現技術效率呢？在一種可變投入的增加仍沒有達到平均產量最高時，這種可變投入應該繼續增加，以實現生產率增加。當邊際產量為零，總產量達到最大時，這種可變投入就不能再增加了。因為再增加，連總產量也絕對減少，所以，一種可變投入

的增加，可以由企業在使平均產量最大與總產量最大之間作出
選擇。麵包房就要根據這個原則決定自己僱用幾個工人。

5.3 「小的是美好的」還是「大的是美好的」

在長期中，所有投入都可以變動。所有投入的變動就是生
產規模的變動，因此，長期中實現技術效率就是要實現企業的
適度規模。

企業規模的擴大對產量也會有不同的影響。如果企業規模
擴大的比率（即各種投入增加的比率）小於所引起的產量增加
的比率，這種情況就是規模收益遞增，說明規模擴大有利於提
高技術效率。之所以出現這種情況是因為企業在擴大規模的過
程中可以運用更先進的設備、實行更精細的分工、提高技術創
新能力，從而實現了內在經濟。但是如果規模擴大的太大，引
起企業內部不協調、管理效率降低，也會由於內在不經濟而引
起規模收益遞減，即規模擴大的比率大於所引起的產量增加的
比率，這說明規模擴大反而不利於提高技術效率。

企業規模擴大時既可能出現規模收益遞增，也可能出現規
模收益遞減。在長期中透過擴大企業規模而實現技術效率，就
是要使企業實現適度規模，適度規模可以理解為使規模收益遞
增到最大時的企業規模。

企業在什麼時候能實現適度規模呢？應該說在不同的行
業，適度規模的大小並不一樣，甚至差別很大。到底「大的是
美好的」還是「小的是美好的」，取決於不同行業的特點。在鋼
鐵、石化、汽車這類行業中，設備大而複雜、分工精細、技術

創新需要大量投入，而產品又是標準化的，市場需求波動也小，因此，這些行業奉行「大就是好」的原則，企業規模越大越能實現技術效率。例如，鋼鐵廠的年產量都要達到1000萬噸以上，歐洲還在建設年產5000萬噸的鋼鐵廠。但在服裝、餐飲這類輕工業或服務行業中，所用的設備並不複雜，產品的特點是多樣化，要隨變化的市場需求而變動，「船小」有好掉頭的優勢，奉行的原則是「小的是美好的」。這些企業過大反而會引起內部不經濟，從而降低技術效率。可見規模多大能實現技術效率並沒有一定之規，適度規模在不同的行業是不同的。該大的企業不作大，沒有技術效率，例如中國的鋼鐵、汽車等行業就存在這類問題。但該作小的企業盲目擴張也有損於技術效率，例如一些民營企業盲目擴張，就是犯了這種錯誤。

在當代技術迅速進步，經濟走向全球化的形勢下，如何把企業作大是許多企業所關心的問題。但需要指出的是，我們這裡所說的作大是指擴大規模提高技術效率，從這種意義上說，也就是作強，並不單純指規模大。當然，對許多企業而言，規模擴大才能強。因此，我們就著重研究如何作大的問題。企業作大有兩條途徑：擴大一種產品的生產，稱為規模經濟；向相關行業或不相關行業擴張，實現範圍經濟。以一種產品為主營業務的公司稱為單一業務公司或主導業務公司（單一業務公司的定義是其收入有95％來自一種主營業務；主導業務公司的收入70％至95％來自主營業務），例如石油公司、鋼鐵公司或菸草公司。這些行業一種產品的擴大可以利用規模經濟。但從目前看大公司中這類公司的比例正在下降（1949年有70％的公司屬於這兩種類型，而1969年這一比例已下降到35％）。相反的，向相關行業擴張的相關業務公司（定義是主營業務收入低

於70％，其他業務與主營業務相關）和向不相關行業擴張的不相關業務公司（定義是主營業務收入低於70％，而且其他業務與主營業務無關），在公司中的比例從1949年的3.4％上升到1969年的19.4％，而且現在仍有上升的趨勢。

企業實現規模經濟和範圍經濟，可以在擴大規模的過程中提高技術效率。規模經濟可以使用專用性資產、實行更精細的分工——分工有助於提高工人的技術（把複雜的活動變為簡單的活動，工人更易於掌握）、增強技術創新能力、增強市場競爭能力。例如，汽車行業的規模擴大可以運用自動裝配線，每個工人都重複同樣的簡單活動，增強開發新型汽車的能力，增強在市場上的競爭能力等。所以，大汽車公司才能在市場上有競爭力。當然，實現規模經濟也可以採用不同的形式，例如，汽車行業的規模經濟要採取集中的形式，但商業的規模經濟採用的連鎖商業則是集中與分散相結合。連鎖商業集中進貨，由配送中心統一配送，可以降低進貨成本，減少倉儲與管理成本，而分散的連鎖店又方便了消費者。不同行業的規模經濟採取什麼形式由本行業的技術與經營方式決定。

跨相關行業的範圍經濟包括向前擴張（擴大到零部件和原料半成品部門）和向後擴張（擴大到後繼產品部門）。在未實現擴張之前，業務上相關的企業都是獨立的，相互之間透過市場交易而聯繫，這就產生了用於尋求合作者、談判、簽約和履約的交易費用。合併為一個企業後統一管理，有管理費用而無交易費用，只要管理費用小於交易費用，跨相關行業的合併就是有利的。跨不同行業的範圍經濟或組成企業集團不僅可以更好地發揮共同資產的作用，把固定成本分攤在更多產品上（如廣告費用的分攤），而且也可以減少市場風險。但跨行業經營也有

相關大風險，如果貿然進入不熟悉行業，反而會失敗。當年珠海巨人公司同時經營電腦軟體、保健品（腦黃金）和建築業（巨人大廈）而失敗就是一個典型的例子。

5.4 利潤最大化不是越多越好

企業的利潤是總收益減總成本，所以，要實現利潤最大化還要分析成本與收益。

首先來分析成本。我們把企業生產經營的成本分爲會計成本和機會成本。會計成本是企業生產經營中購買投入或其他的實際支出，例如：資本的折舊、購買原材料、半成品支出、支付給員工的工資等等。這些支出一筆筆都計在會計賬上，看得很清楚，因此也稱爲顯性成本。但企業還有另一種成本，即爲了生產經營所放棄的其他東西。例如經營者自己不支領工資，會計成本中就沒有這一項。但實際上經營者是放棄了在其他地方工作的機會來經營這個企業，如果他不經營這個企業，而是到其他地方工作仍會有工資。假設經營者放棄的工作能賺到的工資每年爲3萬元，那麼，這3萬元雖然沒有實際支出，但作爲所放棄的東西是企業的機會成本。機會成本沒有實際支出，也不記在會計賬上，因此稱爲隱性成本。這種機會成本對企業的經濟效率也是重要的，我們所說的經濟效率中的成本實際包括這兩種成本。總收益減會計成本是會計利潤，總收益減會計成本和機會成本才是經濟利潤。我們所說的利潤最大化是經濟利潤的最大化。

當我們分析技術效率時從短期和長期來考慮投入。現在我

們也要分析短期成本和長期成本。

在短期中，投入分為固定投入和可變投入，成本也相應地分為固定成本與可變成本。用於固定投入支出的成本稱為固定成本，它不隨產量的變動而變動，即使產量為零，也仍有固定成本，它包括資本設備的折舊、管理人員工資等。可變成本是用於可變投入支出的成本，它隨產量的變動而變動，包括用於原料、燃料的支出、工人的工資等。固定成本與可變成本之和是短期中的總成本。平均成本是平均每單位產品的成本，用總成本除以產量得出。總成本包括固定成本與可變成本，所以，平均成本也分為平均固定成本和平均可變成本。此外，每增加一單位產品所增加的成本稱為邊際成本。

產量與成本是對應的，所以，當隨著一種投入增加，產量遞增時，其成本就遞減；而當隨著一種投入增加，產量遞減時，其成本就遞增。在分析邊際產量與平均產量的關係時，我們指出，當邊際產量大於平均產量時，平均產量遞增；當邊際產量小於平均產量時，平均產量遞減；當邊際產量等於平均產量時，平均產量最大。從這種關係中可以推出：當邊際成本小於平均成本時，平均成本遞減；當邊際成本大於平均成本時，平均成本遞增；當邊際成本等於平均成本時，平均成本最小。

瞭解這些關係對企業作出決策是有幫助的。正因為短期中無論產量多少，固定成本都不變，因此，只要收益等於可變成本（低於總成本），或者只要價格等於平均可變成本，企業就可以經營。平均可變成本等於價格稱為停止營業點。再如，平均產量的最高與平均成本的最低實際上是一回事。在某一種產量水平時，同時實現了平均產量最高與平均成本最低。企業短期中的決策正應該找出這個同時實現技術效率和經濟效率的一

點。

在長期中，投入無固定與可變之分，成本也無固定成本與可變成本之分。成本分為總成本、平均成本與邊際成本。其中最值得注意的是平均成本。在長期中，平均成本也是先下降而後上升，這就是說隨著產量增加，平均成本先下降，當產量達到一定數量時，平均成本達到最低，此後，隨著產量增加，平均成本上升。平均成本的最低點時的產量也就是企業實現了適度規模時的產量。這就是說，從成本的角度看，企業實現技術效率和經濟效率時的產量就是平均成本最低時的產量。我們所確定的企業規模就應該是平均成本最低時的產量水平。這一點對我們確定企業規模非常有幫助。在分析技術效率時我們給出了適度規模，是實現了規模收益達到最大時的產量，這一原則在實際操作中是有困難的，而現在給出的平均成本最低時的產量這一原則，在理論上與前一個原則相同，但在實際中又易於操作。

經濟效率還涉及到收益。收益為產量與價格的乘積，如果假定價格是既定的，那麼，收益與產量變動的規律就是相同的。價格要在市場上決定，我們將在下一章中論述這一問題。這裡我們只要知道收益分為總收益、平均收益和邊際收益就可以。總收益是出賣一定量產品的全部收入，等於總產量乘以價格；平均收益是平均每單位產品的收入，等於平均產量乘以價格；邊際收益是增加一單位產量所增加的收益，等於邊際產量乘以價格。

經濟學家把實現經濟效率，即利潤最大化的條件概括為邊際成本等於邊際收益。這就是說，如果邊際成本小於邊際收益（假設某種產品邊際成本為 8 元，邊際收益為 10 元），企業就要

增加產量，說明該賺的利潤仍沒賺到，沒有實現利潤最大化。如果邊際成本大於邊際收益（假設某種產品邊際成本爲10元，邊際收益爲8元），企業就要減少產量，這時有虧損，更談不上利潤最大化。只要在邊際成本等於邊際收益（假設某種產品的邊際成本和邊際收益都爲10元）時，企業才既不增加產量，又不減少產量。企業對這種產量水平的滿意，說明這時已實現了利潤最大化。

在現實中，企業在實現自己的資源配置效率，考慮自己的技術效率時，更多是從成本─收益出發的。本章的內容所揭示的是這種決策背後的因素。

6. 企業市場競爭戰略

競爭是企業成敗的核心所在。……競爭戰略就是在一個行業裡（即競爭產生的基本戰鬥場上）尋求一個有利的競爭地位。競爭戰略的目的是針對決定產生競爭的各種影響力，而建立一個有利可圖和持之以久的地位。

——邁克爾·波特

此圖摘自《探求智慧之旅》

邁克爾·波特（Michael E. Porter），美國哈佛大學商學院最知名的教授，現代市場競爭理論的奠基人。他的《競爭戰略》、《競爭優勢》和《國家競爭優勢》已成為競爭理論的經典和企業家的必讀書。

非配置效率和配置效率的實現僅僅是企業實現利潤最大化的第一步。企業內部的效率只有在市場上才能變爲實際的利潤，所以，馬克思把商品價值在市場上實現的過程稱爲商品生產者（企業）的「驚險的一跳」。企業要在市場上獲得成功，不僅在企業內部要實現技術效率和經濟效率，而且要制定正確的市場競爭戰略，完成這「驚險的一跳」。

我們知道，不同企業面對的市場是不同的。比如說，小麥生產者面臨著許多類似的生產者的競爭，而汽車生產者在市場上就具有一定的壟斷力量。我們把生產並出賣同一種產品的企業稱爲一個行業或一個市場，不同行業或不同市場上的競爭與壟斷程度是不同的。有的市場競爭程度高，有的市場壟斷程度高。根據市場的競爭與壟斷程度，我們把市場分爲四種不同的類型：完全競爭、壟斷競爭、寡頭和壟斷。這也就是一般所說的四種類型的市場結構。在這四種市場中，完全競爭和壟斷競爭是兩種極端，前者只有競爭而沒有壟斷，後者是只有壟斷而無競爭。介於這兩者之間的是壟斷與競爭不同程度的結合，稱爲不完全競爭。這兩種市場結構也是現實中的正常情況。

在市場上，企業要圍繞自己利潤最大化的目標制定競爭戰略，決定自己的價格和產量。在不同的市場，企業的競爭戰略不同。這一章就要分析在這四種不同的市場中，企業如何決定價格和產量，實現利潤最大化。

6.1 養雞專業戶的會計利潤

完全競爭是一種競爭不受任何干擾和阻礙的市場結構。這

種市場有四個特點：第一，有大量企業，每個企業的規模都很小，因此對市場毫無影響，這就是說，企業不能透過改變自己的產量來影響市場價格。市場價格是由市場的整個供求關係決定的，一旦決定之後，對市場上的每個企業而言，都是既定的。企業無法改變這種價格，只能接受這種價格，所以，企業是價格接受者，無須作出價格決策。第二，每個企業生產的產品都是同質的，也就是說不存在產品差別。第三，進入自由，即每個企業都可以自由進入或退出這個市場。第四，資訊是暢通的。農產品市場接近於一種完全競爭市場，我們在這裡以雞蛋市場為例來進行分析。

我們所要分析的是市場上企業的決策，例如分析雞蛋市場上一個養雞專業戶的決策。如前所述，完全競爭市場上的養雞專業戶只能接受市場上既定的價格，並在這一價格之下決定自己的產量。在短期中，如果整個市場上雞蛋的供給小於需求（比如說剛發生過一場雞瘟），那麼，市場決定的雞蛋價格就高，每一個養雞專業戶都可以從高價格中獲利，得到經濟利潤。但如果整個市場上雞蛋的供給大於需求（比如說消費者受吃雞蛋增加膽固醇的宣傳影響少吃雞蛋，改為吃蔬菜），那麼，市場決定的雞蛋價格就低，每一個養雞專業戶都由於低價格受損失，有經濟虧損。在短期中，養雞專業戶的固定投入（雞舍、蛋雞等）無法改變，可變投入（雞飼料、勞動）變動的可能性也不大（無法不給蛋雞吃食讓它們少下蛋）。這就是說，產量難以變動，養雞專業戶就像市場經濟汪洋中的一條小船，完全由市場支配。有經濟利潤還是有經濟虧損完全取決於市場狀況，自己無法控制。

在長期中，一切投入都是可變的，養雞專業戶儘管仍不能

影響價格，但可以改變自己的產量。如果供小於求，價格高，有經濟利潤，就會有更多的人成爲養雞專業戶（進入市場），原有的養雞專業戶也會擴大自己的生產。於是，市場上雞蛋的供給增加，價格逐漸下降。反之，如果供大於求，價格低，有經濟虧損，就會有人殺掉蛋雞不再當養雞專業戶（退出市場），留下來的養雞專業戶也會減少自己的生產。於是，市場上雞蛋的供給減少，價格逐漸回升。在這兩種情況下，價格要逐漸變動到均衡狀態，這時供求相等，養雞專業戶既沒有經濟利潤，也沒有經濟虧損。他們不再增加養雞量，也不減少養雞量，這就是市場的長期均衡狀態。當然，影響雞蛋供求的因素在隨時變動，但從長期來看，在完全競爭的市場上，企業只能處於收支相抵的狀況，利潤最大化也就是經濟利潤爲零。這是我們以上所分析的競爭變動的結果。

這裡要注意的是，我們說在長期中的均衡狀態時經濟利潤爲零，但這時是有會計利潤的。從養雞專業戶的角度看，自己的勞動成本是不計入成本的。在我們看來，這是他們養雞的機會成本。養雞專業戶計算的是會計成本，例如雞舍的折舊、雞飼料的支出、蛋雞的支出等實際支出。如果這些成本總計爲每斤蛋2.6元，市場長期均衡時價格爲每斤2.8元，在養雞專業戶看來，每斤雞蛋賺了0.2元。這0.2元是會計利潤。在我們看來，這0.2元是他們的機會成本。如果他們僱人養雞，每斤要支付0.2元的工資，現在由他們自己養，這0.2元沒有支出，所以，從會計賬目上看是賺了。但從經濟學角度看，如果考慮自己勞動的機會成本，經濟利潤就是零。正因爲在養雞專業戶看來有0.2元的利潤（會計利潤），所以，在沒有經濟利潤時，仍然有人從事這一行業，我們也可以得到充足的雞蛋供應。

　　還要注意的是，我們說經濟利潤為零，也就是價格等於平均成本。但這裡所說的成本是社會平均成本。用養雞專業戶的例子來說，是整個養雞行業的平均成本。如果個別養雞專業戶的平均成本高於社會平均成本，就無法經營下去，只有被淘汰出局。假設一個養雞專業戶會計成本為3元，而市場價格才2.8元，他就只有退出了。一些大型國有養雞場正是由於成本高，而被淘汰出局。但如果個別養雞專業戶的平均成本低於社會平均成本，例如社會平均的會計成本為2.6元，而該養雞專業戶的平均會計成本為2.4元，那麼，他按2.8元的價格出售，不僅有0.2元的會計利潤（補償自己勞動的機會成本），而且還有0.2元的經濟利潤。因此，在完全競爭市場上，就整個市場而言，無經濟利潤，但個別生產率高、平均成本低的企業仍會有經濟利潤。

　　這種個別平均成本低於社會平均成本時，有經濟利潤的情況激勵每個生產者都努力提高自己的生產率，把自己的平均成本降到社會平均成本之下。當每個生產者都這樣做時，整個社會的平均成本就下降了，價格也下降了。這正是完全競爭給社會帶來的好處，也是一般所說的競爭提高了效率的含義。這種競爭的結果使社會平均成本最低，價格也最低。我們回想一下改革開放二十年來的雞蛋市場，在改革前每斤雞蛋約為0.8元左右，現在也才2.8元左右一斤，價格只上升了三倍多，但相對於我們上升了二十多倍的工資來說，雞蛋價格實際下降了。這正是放開市場，完全競爭的結果。

　　完全競爭之下的競爭降低了成本和價格，但由於完全競爭市場上每家企業規模都很小，無法利用規模經濟的優越性。而且，在完全競爭之下一般企業處於苦苦掙扎之中，受市場波動

的影響而不穩定。這正是以小農為主的農業中的狀況。要走出
這一困境，出路仍然是走規模經濟之路，其方法可以是小企業
之間在競爭中兼併而成為較大的企業，在市場上有一定的力
量，例如養雞專業戶透過相互兼併和合併，建立大型現代養雞
場。重要的是這種大型養雞場不能由政府出資建立，也不能由
政府用行政的方法強行把養雞專業戶合併。各地由政府出資建
的大型養雞場被農民專業戶擠跨說明了這一點——因為這些官
辦雞場固定成本太高了。用行政方法合併就是過去失敗的合作
化之路，這種規模經濟只能在競爭中形成，此外也可以是公司
加農戶或由養雞專業戶在分散生產的基礎之上，建立產供銷一
體化的合作組織（如美國桔農的香吉士協會就是這樣的組織）。

古典經濟學家往往把完全競爭描述為最理想的市場狀態，
其實最理想的東西往往是不存在的。而且，現實中的完全競爭
市場也並非田園牧歌式浪漫。現實中壟斷是難以避免的，我們
先從最極端的壟斷開始。

6.2 微軟代表美國新經濟

壟斷又稱完全壟斷，是指一家企業控制了某種產品的整個
市場，而且這種產品沒有相近替代品的市場。換句話說，在壟
斷市場上一個企業就是一個行業、一個市場。

壟斷是在一些特殊情況下形成的。形成壟斷的最基本條件
是進入限制，即其他企業無法進入這一市場。這種限制包括自
然限制和立法限制。自然限制是指由於一些難以克服的原因所
引起的限制，例如對資源的占有。南非的戴比爾斯公司控制了

世界天然鑽石的80％以上（其他部分主要在俄羅斯和斯里蘭卡，形不成氣候），從而成為世界鑽石市場的壟斷者。再如，如果某個行業只有存在一個企業時，才能實現規模經濟平均成本最低，而兩個或兩個以上企業都無法實現平均成本最低，這時也會產生壟斷，自來水、供電、天然氣等市場就是這種情況。這種由於自然限制而引起的壟斷稱為自然壟斷。

立法的限制來自政府的立法。立法限制的第一種情況是政府特許經營或稱專營，例如政府立法把郵政的專營權交給郵政局，只有國家郵政局才有權經營郵政，這就引起郵政部門的壟斷。第二種情況是許可證制度，沒有許可證的企業不能進入。第三種情況是專利權。政府把某種產品在一定時期內的排他性生產銷售權給予發明這種產品的企業，就使這個企業在受專利法保護的時期內處於壟斷地位。這種立法限制引起的壟斷稱為立法壟斷。

一個壟斷者就是一個市場，它完全可以以自己的產量變動來影響價格。對壟斷者來說，為了實現利潤最大化首先要決定價格，產量的決定是服從於價格的，因此，壟斷企業的競爭策略主要是定價策略。在壟斷市場上可以有兩種定價方法：單一價格和歧視價格。

單一價格或稱單一定價，就是對同一種產品向不同的消費者收取相同的價格。壟斷者在實行單一價格時為了實現利潤最大化可以採用高價少銷和低價多銷兩種方式。採取哪一種定價方式取決於需求彈性和供給彈性。如果某種產品供給缺乏彈性而需求也缺乏彈性，壟斷者就採用高價少銷，即高價格低產量。例如過去山西省太谷廣升堂藥廠生產婦女保健用的定坤丹，這種藥由於技術壟斷而在市場上獨一無二。這種藥所用原

料（如東北野山蔘、藏紅花等）極為缺少，供給缺乏彈性（價格上升產量也很難增加），需求也缺乏彈性（為少數貴婦人享用，價格變動對需求量沒什麼影響），所以，收取高價而產量極少。如果某種產品供給富有彈性而需求也富有彈性，壟斷者就採用低價多銷，即低價格高產量。例如美國輝瑞公司的威而鋼，供給富有彈性（採用化學合成，價格上升產量可以大量增加），需求也富有彈性（潛在市場大，降價可大量增加銷售），所以，採取低價而產量大的方式。這兩個企業的定價策略都獲得了成功。無論低價還是高價，價格都高於平均成本，因此，都有經濟利潤。不同的產品用不同的定價保證了利潤的最大化。

歧視價格或稱歧視定價，就是對同一種產品向不同的消費者收取不同的價格。通常的做法是向需求缺乏彈性的消費者收取高價格，而向需求富有彈性的消費者收取低價格。例如，電力公司可以對工業用戶（需求缺乏彈性）收取高價格，工業用戶不會大量減少用電，電力公司就從高價格中增加了總收益和經濟利潤。但向民用戶（電力有煤氣、天然氣等替代品，需求富有彈性）收取低價格，低價格鼓勵居民多用電，電力公司實現了薄利多銷，增加了總收益和經濟利潤。

這裡應該注意的是，壟斷者實行歧視價格要具備兩個條件。一是該產品或勞務不能轉售，因為如果可以轉售，低價得到的消費者可以轉售給收取高價的用戶，歧視價格就成為變相降價而失去其意義。二是要能用一個客觀標準把具有不同需求彈性的消費者分開，電力就符合這兩個條件（電力無法轉售，只能由購買者消費；電網分開了不同消費者）。

其實在市場上，企業只要具有一定的壟斷權力，不一定是

完全壟斷，也可以運用歧視價格。例如民航並不是壟斷市場，但各民航公司都有一定壟斷權力，所以也廣泛運用了歧視價格。民航機票實行實名制，所以符合產品或勞務不可轉讓的條件。民航旅客的需求彈性也不同，一般而言，公務乘客需求缺乏彈性，而民用乘客需求富有彈性。民航公司找出了一些客觀標準來區分這兩類旅客（如在往返航線上，旅客是否在對方城市度過週六，根據經驗，即使降價，公務乘客也不在對方城市度過週六，而民用乘客只要降價就願意在對方城市度過週六），從而可以實行歧視價格。

在壟斷的情況下，無論是單一價格還是歧視價格，都要高於競爭市場上的價格，為了維持這種價格，產量就低於競爭下所能實現的產量。高價格損害了消費者利益，低產量降低了資源配置效應。這正是壟斷所引起的弊病。此外，在壟斷之下，企業會為了謀求壟斷地位而向政府進行遊說。只要獲得壟斷的經濟利潤大於遊說的成本，就會有企業進行遊說，而政府有關部門也會利用給予壟斷的權力獲得好處。這就是壟斷下出現的尋租現象。壟斷的這些問題是它受到批評的原因。

但壟斷的存在也有促進科技進步，和增強國際競爭力的好處。美國電話電報公司（AT＆T）曾壟斷美國電訊業，但以該公司雄厚力量為背景的貝爾實驗室對戰後科技突破起了巨大推動作用。美國波音公司和麥道公司合併而成的壟斷，加強了美國大型民用客機在市場上的競爭地位。

壟斷的是非一直是經濟學界和政界爭論的話題。前一段圍繞微軟壟斷問題的爭論就說明了這一點。美國司法部起訴微軟侵犯了消費者利益，並壓制了軟體行業的競爭，要把微軟一分為三。但也有許多經濟學家為微軟辯護，認為微軟代表了美國

新經濟，解散微軟是對市場競爭中成功者的打擊，並不公平。無論最後結果如何，這種爭論肯定還會持續下去。

6.3 「農夫山泉有點甜」

打開電視，撲面而來的是廣告。只要略加留心你就會發現，作廣告的大多是化妝品、藥品、家電這類企業。這些企業作廣告並不是因為它們對廣告情有獨鍾，而是因為它們處在一種壟斷競爭的市場中。

壟斷競爭是一種既有壟斷，又有競爭，既不是完全競爭，又不是完全壟斷的市場結構。在這種市場上，每個企業都有一定的壟斷，但它們相互之間又存在激烈的競爭。形成這種市場結構的主要原因是產品差別。

產品差別是指同一種產品在質量、牌號、包裝、形式、服務等方面的差別。一種產品不僅要滿足人們實際生活的需要，還要滿足人的心理感覺需要。每個人的偏好不同，即使對同一種產品的細微差別也會有不同需求。例如同樣的自行車，年輕人喜歡顏色鮮豔的，中年人喜歡黑色的。自行車的這種顏色差別就是眾多的產品差別之一。消費者為了滿足自己特殊的偏好，願意支付較高的價格。每種有差別產品都以自己不同於其他同類產品的差別吸引了一部分消費者，從而在這一部分消費者中，形成了自己的壟斷地位。生產這種有差別產品的企業就可以在一定程度上控制價格，獲得經濟利潤。經濟學家所說的「有差別就會有壟斷」正是這個意思。

但是，有差別的產品畢竟是同一種產品，儘管有不同，替

代性還是相當強的。例如不同顏色的自行車都可以滿足行的需求，可以互相代替。這樣，有差別的產品之間就存在著激烈的競爭。產品差別引起壟斷，但並不排除競爭。這樣，生產有差別產品的行業就成為壟斷競爭市場。

　　壟斷競爭的市場有三個特徵。第一，每個企業面臨著向右下方傾斜的需求曲線，價格下降，需求量增加，企業可以決定自己的產量與價格。這與壟斷市場相同。第二，不存在進入限制，企業可以自由進入和退出市場。第三，存在大量企業。後兩點與競爭市場相同。

　　在短期中，壟斷競爭市場上的每家企業都可以依靠自己的產品特色對一部分消費者形成壟斷地位，從而控制產量與價格，在高價少銷與低價多銷之間作出選擇，實現利潤最大化。這樣，這些企業就可以像壟斷者那樣行事。

　　但在長期中，生產有差別產品的企業並不能維護自己的壟斷地位。因為當某種產品有經濟利潤時，其他企業就會進入，或者模仿其特色，或者創造出自己的特色，從而就會形成激烈的競爭。競爭的結果是價格等於平均成本，每個企業只能實現收支相抵，即經濟利潤為零。例如某化妝品企業生產了一種有特色的兒童護膚霜，由於其特有的功效吸引了愛子心切的家長，企業可以收取高價格，獲得經濟利潤。這種產品的成功吸引了其他企業進入，它們或仿製這種產品，或開發出具有自己特色的兒童護膚霜。於是，各個企業激烈競爭，最後各企業的經濟利潤都消失。

　　那麼，對一個壟斷競爭市場上的企業來說，應該如何在競爭中取勝，或者說採取什麼競爭戰略來完成自己商品「驚險的一跳」呢？

　　從以上的分析中我們得出的結論是，企業在短期中可以獲得經濟利潤，只是這種經濟利潤無法長期維持下去。而短期中的經濟利潤，來自產品差別引起的壟斷地位。但長期無非是無數短期之和，如果能不斷推出有特色的產品，不就把長期變為一個個短期了嗎？所以，壟斷競爭企業的成功之路在於創造自己的產品特色。

　　產品特色或差別來自兩方面：一是產品的實際差別，即可以看得見、摸得著的差別，例如同一種自行車質量、形式、顏色等方面的差別；另一個是消費者感覺的產品差別。例如兩種品牌的酒儘管質量是完全相同的，但消費者也許會由於聽信了廣告宣傳而認為一種酒就比另一種好。這種產品差別更多地來自消費者的心理感覺，創造產品差別就要在這方面下功夫。

　　首先看質量。這是一種重要的產品差別，同一種產品，質量好的就對消費者有吸引力，能形成壟斷地位。「質量是企業的生命」就是這個含義。有些企業對產品不重視，正是產品沒有市場的原因。當然，在質量問題上也要有新思路。質量與價格是相關的，消費者重視「質量─價格比」。高質量，高價格，是產品特色；低質量（但不是偽劣產品），低價格，同樣也是特色。以手機為例，性能好、功能多、質量高的手機，價格儘管高，也在一部分消費者（如商務用戶）中形成壟斷地位。但美國市場上推出的單功能一次性手機也具有自己的特色，以20美元的低價位（包括若干時間通話費）創造出自己的特色，吸引了一批年輕消費者。不同的質量以不同的價格在某一群體中形成壟斷地位。所以，創造低質量低價格產品也是創造產品特色。現在消費的趨勢之一是一次性消費品的增加，這種產品的特色不正是低質量嗎？同一種產品可以有不同的質量，針對不

同消費者的需求，都可以有市場。

　　其次是產品的形式。記得二十世紀三〇年代末，通用汽車公司總裁斯隆提出了一個口號：製造汽車就是造形式。這種思想打破了Ｔ型汽車一個形式的模式，生產出了各種不同的汽車，取得了成功。其實時裝也就是形式不同。同一種產品可以有不同的形式，不同的形式變化就是創造產品差別。改變產品的形式並不難，難的是企業要改變習慣的思維方式。長期以來，洋娃娃市場是芭比娃娃占主導，越作越漂亮。有企業逆向思維作出了醜陋的椰菜娃娃，結果以其醜的特色獲得消費者喜愛，占領了市場。洋娃娃是同一種產品，僅僅是做的形式不同，每年有新花樣，就有廣闊的市場。產品形式的變化是無止境的，這種產品差別可以無限地創造下去。

　　過去中國大陸有些企業不重視包裝，其實「人配衣裳馬配鞍」，產品的包裝也是產品特色之一。五〇年代初，美國杜邦公司由於忽視包裝問題而失去了部分市場。他們透過市場調查發現了「杜邦定理」──63％的人重視包裝，在選購商品時首先看包裝。以後杜邦公司改進了包裝，才又重振雄風。據國外調查，普通商品的包裝占商品成本的3％至15％。用這些錢做出有特色的包裝，就是創造產品特色。「貨賣一層皮」，包裝是給消費者的第一印象。禮品這類特殊商品的包裝更是價值非凡。古代寓言故事「買珠還櫝」就說明了包裝的重要性。而且，在包裝上創造產品特色並不難。在現代社會中，僅求產品實惠的觀念早已過時了。中國的許多出口商品，質量相當好，就是因為包裝差，賣不出好價錢。例如中國的人蔘並不比韓國差，但過去我們用麻袋包裝運到香港，而韓國為每根人蔘配了一個精緻的盒子，結果，我們的人蔘物美價廉仍無銷路。這個教訓從

反面說明包裝作爲產品特色的重要性。

在創造產品差別，特別是讓消費者感到你的產品的確有差別，還必須在營銷策劃上下功夫。產品是否有差別以消費者的認知和承認爲標準，企業的營銷策劃就要消費者瞭解和接受你所創造的產品差別，甚至使本來沒差別的產品，也讓消費者覺得有差別。

營銷中最重要的首先是品牌。品牌是產品質量和特色最明顯的標誌，據美國的調查，美國70％的消費者在購買時最重視的是品牌。企業的無形資產中最重要的是品牌，世界上許多著名品牌的價值都在幾百億美元以上，正是因爲品牌形成最重要的產品特色，能壟斷部分消費者。許多產品的實際差別消費者無法從直觀上辨認出來，有的產品實際上並無差別，但品牌使消費者可以辨別出實際存在的微小差別，或者把無差別產品作爲有差別產品，願意接受較高的價格。以藥品爲例，不同企業生產的阿斯匹林藥在質量、形式等方面毫無差別，但德國拜耳公司的阿斯匹林在市場上價格高於其他企業生產的阿斯匹林，消費者還願意接受。這就是因爲消費者認爲拜耳的阿斯匹林是名牌。創造出一個成功的品牌，是企業重要的營銷戰略。品牌的創造是產品質量和廣告宣傳結合的產物。兩者缺一不可。「酒好也怕巷子深」是說好產品還需廣告宣傳，但沒有好酒再作廣告也沒用。創出一個品牌是企業長期奮鬥的過程，那種不在產品上下功夫，只想靠大量廣告投入創造名牌的做法絕不是正路，只有一時虛假的輝煌，而沒有長期的成功。

營銷中的另一個重要內容是廣告。廣告是企業把自己的產品特色告訴消費者，讓消費者認知，或者使消費者把本來無差別的產品作爲有差別來接受的重要手段。企業的廣告一般分爲

三種類型：宣傳企業形象（稱爲企業形象廣告）、宣傳或創造產品差別（稱爲勸說性廣告），或告訴消費者有關產品的資訊（稱爲資訊性廣告，一般用於消費者已熟悉的產品）。在創造產品差別中最重要的是第二種類型的勸說性廣告。勸說性廣告就是要使消費者瞭解或承認自己的產品特色，並願意以高於同類產品的價格購買。這樣在廣告中就要突出自己的產品特色。例如農夫山泉的廣告，以一句「農夫山泉有點甜」凸顯出它的特色在於口感與其他礦泉水不同，從而贏得了市場。在企業的各種營銷支出中，廣告是最重要的支出，一般要占到營銷額的10％至20％，當一種新產品進入市場時，廣告支出可高達營銷額的100％。可見運用成功的廣告吸引消費者極爲重要。

　　營銷的最後一個內容是服務，包括銷售服務和售後服務。銷售服務是在出售產品中提供的，同樣的產品放在不同銷售環境中出售是一種重要的產品差別。例如同樣質量的食品，放在一個衛生的商店出售和放在一個髒亂差的商店中出售，消費者就會感到有產品差別，寧願多花錢在衛生的商店中購買。優雅的購物條件、和藹的服務態度、漂亮的服務員，都是銷售服務。這些差別使同樣的產品也會有差別。許多產品的售後服務也是一種產品差別。對冷氣、彩電、電腦、汽車這類耐用消費品，售後服務是至關重要的產品差別。海爾、萬家樂等產品銷得好的一個原因就是重視售後服務。「多花點買個放心」正是消費者對售後服務這種產品差別的承認。售後服務好的企業就以這種產品差別而在市場上擁有某種程度的壟斷地位。

　　產品特色是創造出來的，企業創造產品特色的過程可以稱爲創新活動。壟斷競爭市場上企業成功的關鍵，正在於這種創新活動。

6.4 彩電業的價格戰

　　寡頭的原意是爲數不多的銷售者。寡頭市場是指少數幾家企業壟斷了一個市場，控制了這一行業的供給。

　　寡頭市場形成的條件是規模經濟。在某些行業中，生產技術條件決定了只有大規模生產，產量達到相當大的水平時，平均成本才能最低，才能實現規模經濟。爲了實現這種規模，建立一個企業的投資十分巨大。同時，由於每個企業產量都很大，只要有幾家這樣的企業就可以滿足全部市場需求。而且，由於這種企業要求的初始投資大，已有企業在內部管理和市場競爭中的優勢，其他企業再進入這一行業非常不容易。這樣，就形成了幾家大企業控制市場的狀況。鋼鐵、汽車、石油、化工、香菸、彩電等行業都是這種市場結構。在這種市場上四家最大企業所占有的市場份額在60％以上。

　　寡頭市場上一個重要的特徵是幾家大企業之間的相互關聯性。在完全競爭市場和壟斷競爭市場上，企業數量很多，相互之間沒有什麼關聯，即它們各自作出自己的決策，互不影響。在壟斷市場上只有一家企業，也不存在與其他企業的相關性。但寡頭市場上，只有幾家企業，且每家企業在市場上都占有相當份額，它的決策對整個市場和其他企業都有重要影響。一個企業的決策能否成功，在相當大程度上取決於其他企業所作出的反應。所以，一家企業在作出某種決策之前，就要對其他企業可能作出的反應作出預測。寡頭企業在決策中這種相互依賴性就是它們之間的關聯性。這種關聯性是其他市場結構所沒有

的，也是我們分析寡頭市場的出發點。

寡頭市場的這一特徵使它產生了不同於其他市場結構的特點。第一，很難對每個企業和整個市場的產量和價格的決定作出確切而肯定的答案。這是因為，每個企業在作出產量和價格決策時要考慮其他企業可能會作出的反應，而其他企業的反應有多種可能，難以確定。第二，在正常情況下，價格和產量一旦確定以後就有相對穩定性。這是因為每家企業難以確定其他企業的行為，都不會輕易變動現有決策，不會打破已形成的均衡關係。第三，企業的相互關聯性和企業數量少使它們之間更容易形成某種勾結。但這種勾結也難以長期維持，一旦各企業實力有變動，勾結就會打破。

在現代經濟學中通常用博弈論來分析寡頭之間的行為，博弈論又譯為對策論，分析當決策主體的行為直接相互影響時的決策及其結果。寡頭市場上的企業正是這種情況。

我們先用博弈論來分析寡頭市場上的價格戰。價格戰是寡頭市場上常見的一種，目的是透過低價格把對手趕出市場，提高自己市場占有份額。假設 A、B 兩個企業控制了一個行業市場，每個企業都有相同的成本，市場需求為既定。每家企業都有兩種選擇：維持原價和降價。如果兩家都維持原價，各獲利 10 億元；如果都降價，則各損失 50 億元；如果一家降價另一家不降價，則降價者擴大市場占有份額獲利 20 億，而不降價者失去市場損失 20 億。在這種情況下，本來兩家共同的選擇是維持原價。但每家都考慮：如果對方降價我不降價，就會損失 20 億，而如果對方不降價而我降價就會獲利 20 億。因此，就會選擇降價。一家降價，另一家回應，這就引起價格戰。結果都損失 50 億。每家都會從自身利益出發降價，這就是我們在彩電、

冷氣、微波爐這類寡頭市場上常看到的現象。

一些經濟學家認為，這種價格戰結果是兩敗俱傷，我國彩電市場在一段時間內也出現了這種情況，2000年甚至彩電行業全行業虧損。但這只是暫時現象，從長期來看企業不會總是賠本降價競爭的。這種競爭會有三個好處：第一，消費者得到低價格的產品。第二，實現行業內的優勝劣汰，把低效率企業淘汰出去。第三，迫使企業提高效率。中國彩電行業的價格戰有第一個結果，但由於市場經濟的不完全性和政府干預，第二個結果沒有完全實現；第三個結果是有的，但由於缺乏在技術創新上投資，效率提高也有限。

當然寡頭市場上也並非總是發生價格戰。在一般情況下，它有三種決定價格的方法：第一，價格領先制，即由一家實力強大的企業首先訂價，然後其他企業跟從。第二，成本加利潤定價。在各個企業力量相當時，各自按平均成本加平均利潤定價。由於各個企業力量相當時，各家平均成本相近，行業利潤率也是各家企業都知道，這樣，定出的價格是相近的。第三，勾結定價，即寡頭勾結起來共同決定價格。分開的勾結定價就是參與者組成一個卡特爾，石油輸出國組織就是這樣一個卡特爾。在許多國家，這種作法被法律所禁止，所以採取了一些默契的形式。

寡頭市場上價格競爭是激烈的，但並不是競爭的唯一手段。在有些寡頭市場上（如汽車和彩電市場）存在產品差別，因此創造產品差別的競爭也與壟斷競爭市場一樣。

各個市場結構有不同的特點，各個企業也有不同的競爭策略。因此，在市場上各個企業首先要正確認識自己所處的市場結構的特點，確定自己的競爭戰略，以取得成功。

7. 市場失靈與政府

政府有時可以改善市場結果。

——格里高利·曼昆

　　格里高利·曼昆（N. Gregory Mankiw, 1958-　），哈佛大學經濟學教授，新凱因斯主義的代表人物之一。他以「菜單成本」理論而進入頂尖類經濟學家的行列。他的《經濟學原理》風行全世界，也是中國最暢銷的經濟學著作。他所總結的經濟學十大原理已被經濟學界廣泛接受，我們這裡所引用的是第七個經濟學原理。

以上各章的分析說明了市場是一種配置資源的好方法。但與一切事物一樣，市場也不是十全十美的。在許多情況下，透過價格的自發調節可以實現供求平衡，從而實現資源的最優配置。但在一些情況下，僅僅是市場調節並不能實現供求平衡，這種情況稱爲市場失靈。市場失靈產生於公共物品、外部性和壟斷。有時市場失靈要由政府調節來解決。這正是政府在市場經濟中的作用。

7.1 路燈爲所有人照明

要瞭解公共物品爲什麼會引起市場失靈，首先必須瞭解與公共物品相對應的私人物品。

私人物品是由個人消費的物品，它具有消費的排他性和競爭性。排他性指一旦一個人擁有了某種物品，他就可以很容易地不讓別人消費；例如你擁有一個蘋果，你不要讓別人消費這個蘋果是很容易辦到的。競爭性是指一個人消費了一定量某種物品，就要減少其他人的消費量，因爲市場上的物品是有限的；例如你多消費了一個蘋果，其他人就要少消費一個蘋果。私人物品的排他性和競爭性決定了每個人只有透過購買才能消費某種物品，也就是說消費者只有透過市場交易向生產者購買才能消費這種物品。有市場交易行爲就有價格，如果生產者認爲消費者願意支付的價格使他們生產有利可圖，他們就願意生產，交易的結果雙方都滿意。因此，由自發的價格來調節私人物品可以實現供求相等。在配置私人物品生產的資源時，市場機制是有效率的。我們以前說明的就是這一點。

　　公共物品是由集體消費的物品，它具有消費的非排他性和非競爭性。例如路燈是一種公共物品，你無法不讓任何一個人利用路燈，這就是公共物品的非排他性，即無法有效地阻止任何人消費。同時，你利用路燈也並不影響別人利用路燈，一個路燈可以為所有過路人照亮。這就是公共物品的非競爭性，即一個人的消費不會減少其他人的消費。

　　公共物品的非排他性和非競爭性，決定了人們不用購買仍可以進行消費。這種不用購買就可以消費的現象稱為搭便車，或免費乘車。人們不購買公共物品，公共物品就不會進入市場交易，從而也沒有價格，生產者也不願意向社會提供。這就是說，依靠市場價格自發調節，公共物品的供給就大大小於需求。但像國防、道路、立法、基礎研究這類公共物品是任何一個社會發展所必需的。然而，市場調節無法提供充分的公共物品，在公共物品問題上，市場所實現的資源配置是無效率的。這就引起市場失靈。

　　亞當・斯密最早提出了「無形的手」的思想，但他也認為政府應該提供國防、立法這類公共物品。可見在市場經濟中，提供公共物品是政府的職責之一。這就是說，政府透過徵收得到收入，用這種收入為社會提供公共物品。有些公共物品是由政府直接提供的，例如國家建立軍隊保護國防，設立法庭、執法等等。政府提供公共物品也以滿足社會需要，實現供求平衡為目的。

　　私人物品由市場提供可以自發實現供求平衡。但政府提供公共物品時，由政府官員決定，如果有相應的監督機制，進行科學決策，會使供求接近於平衡。但如果官員出於自身的利益考慮擴大公共物品的提供，使公共物品的供給大於社會需求，

而又沒有相應的有力監督與制約，或者決策失誤，也會引起資源配置失誤。這時就出現了「政府失靈」，即政府代替市場仍沒實現資源配置最優。

要防止或減少政府失靈必須有一套民主科學的政治制度，但任何制度都不可能是完善的。這就是克服政府失靈的困難。社會只有在市場失靈與政府失靈之間選其弊小者。

此外，有些物品介於私人物品與公共物品之間，兼有私人物品與公共物品的特徵，稱爲混合物品。這種物品如高速公路，當車輛少又不收費時，沒有競爭性和排他性，屬於公共物品。但當車輛擁擠又收費時，就有了競爭性和排他性，屬於私人物品。這些物品與國防之類純公共物品（即任何時候都不具有私人物品的特徵）不同。對於這類混合物品可以由政府提供，如政府出資修建高速公路免費使用（美國就是這樣）。但也可以交由私人按市場經濟規律經營，即私人投資建設，並實行收費。許多國家採用這種辦法取得了良好效果。由於這類基礎設施投資大，也可以由政府投資，租給私人經營。公共交通這類傳統的公共物品也可以用這種辦法解決。盡量借助市場解決這類公共物品的供給，可以減少政府失靈，使公共物品的供給更有效率。

7.2 可交易排污證的作用

外部性又稱外部效應，指某種經濟活動給予這項活動無關的第三方帶來的影響。這就是說，這些活動會產生一些不由生產者或消費者承擔的成本，或不由生產者或消費者獲得的利

益。

例如，一個造紙廠的生產不但影響生產者和消費者，而且造紙引起的污染還給附近居民帶來不利影響，在生產者或消費者都不承擔污染的成本時就是一種負的外部性。僅僅靠市場機制是無法消除這種負外部性的。這是因爲在市場經濟中生產者考慮的是自己生產產品的成本和收益，即私人成本和私人利益，消費者只考慮自己從購買物品中得到的效用和付出的價格，即私人利益和私人成本。當生產者與消費者的供求平衡時，私人成本與私人利益是相等的。如果沒有負外部性，社會成本與私人成本相等，社會收益與私人收益也相等。當生產者和消費者透過市場調節實現供求相等時，社會利益與社會成本相等，從社會角度看這種資源配置也是最優的。但在有負外部性時，社會成本中增加了負外部性給第三者帶來的成本，從而社會成本大於私人成本，而社會利益仍然等於私人利益。這樣，從個人角度看，私人成本與私人收益相等，實現了資源配置的最優。但從社會角度看，社會成本大於社會收益，並沒有實現資源配置最優。這就是市場失靈的表現。

另一種外部性是正外部性，即某項活動帶來的部分利益由與這項活動無關的第三方獲得。例如，教育給教育者（生產者）和受教育者（消費者）帶來利益，但也給社會其他人帶來好處——教育水平的提高使任何一個人都生活在一個更文明的環境中。如果由市場調節，教育者和受教育者都以實現自己的私人成本和私人利益爲目的，價格調節實現供求平衡。這時，教育的私人成本與社會成本相等，但教育的社會收益大於私人收益。因爲社會收益中還應該包括其他與教育無關的人得到的好處。這樣，從個人的角度看，實現了資源配置最優，但從社會

的角度看，沒有實現資源配置最優。這也是市場失靈的表現。

經濟學家認為，如果產權明確，外部性問題仍然是可以透過市場來解決的。例如：產生污染的造紙廠建立在一個由私人釣魚俱樂部擁有的小河邊，造紙廠和小河的產權都是明確的。在這種情況下，造紙廠和小河的所有者就可以通過談判來解決這個外部性問題。因為造紙廠侵犯了小河所有者的私人產權，後者有權保護自己的產權不受損害。小河所有者可以提出賠償以治理污染的要求。如果這種賠償造紙廠認為可以接受，小河所有者用這筆錢治理污染，負外部性消除。如果造紙廠認為賠償後生產無法經營下去，只有停產，負外部性也消除了。所以，只要產權明確，市場調節仍可以消除外部性，實現資源配置最優。

但現實中並不是在一切情況下都可以實現產權明確的。例如，空氣、河流一般只能是一種公有產權，無法實現私有，產權也無法明確到個人或單位。在這種情況下，擁有空氣或河流的人太多，無論這些人分別與污染者談判，或這些人自己先達成協定再與污染者談判，交易費用都太高，談判無法進行，外部性問題也就無法解決，因此，在許多情況下外部性問題也要由政府干預來解決。

對於負的外部性，一般做法是由政府向引起負外部性的生產者徵收稅收，這種稅收最初是由英國經濟學家庇古提出的，因此也稱為庇古稅，以區別於其他稅收。徵收庇古稅是把負的外部性內在化，即把引起負外部性的外部成本轉給引起負外部性的生產者，這樣，污染就成為生產者成本的一部分，使私人成本增加到與社會成本相等。生產者如果不想交納這種稅就要自己治理負外部性，如果生產者不治理這種污染，就由政府用

這筆稅收來治理負外部性。如果增加稅收之後，生產者成本增加，小於收益，它也會自動減少生產，甚至停止生產。例如，對造成污染的造紙廠就要徵收庇古稅。

對於正的外部性，一般做法是由政府向引起正外部性的生產者給予補貼。給予補貼也相當於把正的外部性內在化，即把引起正外部性的外部收益轉給引起正外部性的生產者，這樣，外部收益就成為生產者收益的一部分，使私人收益增加到與社會收益相等。生產者收益增加就會增加有正外部性的生產活動。例如，各國政府都辦教育，或者給教育以補貼，就屬於這種補貼。

但稅收和補貼也並不是沒有問題的。就稅收而言，稅收是可以轉嫁的，庇古稅的作用還取決於這種稅收的歸宿，即最後由誰承擔這種稅的負擔。就對污染的造紙廠徵收的庇古稅而言，如果紙張的生產富有彈性，而需求缺乏彈性，那麼，造紙廠就可以提高價格，把大部分稅收轉嫁給消費者，造紙廠承擔的稅收很小，從而這種稅收就起不到減少或消除污染的作用。補貼會引起受補貼企業生產效率低下，儘管有了補貼，也無法增加有正外部性的活動。

當然，也可以用立法和行政來解決外部性問題。例如制定有關禁止污染的法律，強制造紙廠治理污染或停止生產。但是，這種執法需要相當高的費用，而且這些立法實施、監督都有相當難度。因此，許多國家都在探討更為有效的手段。例如，美國實行可交易排污證的做法。具體做法是根據實際情況確定一個城市的排污標準，然後向污染企業發放（或拍賣）排污證，排污證可以在市場上進行交易。這種方法降低了排污的成本。舉個例子說，某城市確定可吸入顆粒物的排放總量為20

頓,然後向兩個排污工廠鋼鐵廠和化工廠各發10頓排污證。這兩個廠治理污染成本不同,鋼鐵廠減少每頓污染需2萬元,而化工廠為1萬元。如果允許它們之間交易排污證,鋼鐵廠向化工廠購買排污證,假定他們以15萬元一頓排污證的價格成交。鋼鐵廠可多排出10頓,共節約治理污染費用5萬元,化工廠治理污染1頓需1萬元,共需10萬元,多得到5萬元收入。兩家工廠共同的排污仍達到了總體標準(20頓沒有增加),但從社會看節約排污成本10萬元(各分享5萬元)。這種方法在美國的實施是成功的。這就是借助市場調節來實現有效減少負外部性。

7.3 「俘獲」與「合理性原則」

如前所述,我們把市場結構分為完全競爭、壟斷競爭、寡頭和壟斷。前兩種市場稱為有效競爭市場,即可以實現有效的競爭,政府不必干預。但在寡頭和壟斷市場上,當一家或幾家企業控制了市場時,競爭起不了應有的作用。我們知道,市場機制的作用是透過競爭來發生的,當壟斷力量阻礙了競爭時,市場機制無法正常發生作用,就會出現市場失靈。壟斷是產生市場失靈的第三個原因。

市場機制發生作用的條件是有效競爭。在這種情況下,價格由供求自發決定,可以反映供求的變動情況,並調節供求,實現資源配置最優。但在寡頭和壟斷市場上,供給並不由市場決定,壟斷企業可以控制產量,並透過調節產量而在相當大程度上影響價格。通常的做法是減少產量使供給減少,價格上升。這樣,產量低於競爭條件下能實現的水平,沒有實現資源

配置最優，由於產量沒有達到適度規模，平均成本也不會最低。由於缺乏競爭的壓力，壟斷企業不會努力提高效率並降低成本，這就是效率的損失。

寡頭與壟斷的形成在經濟中有其必然性和合理性，競爭會產生壟斷。規模經濟形成的寡頭、專利法所引起的壟斷對社會有積極作用。許多行業只有形成寡頭才有效率，能進行重大的技術創新，所以，完全消除壟斷是不可能的。社會無法避免壟斷，社會也離不開壟斷，因此，解決這種市場失靈的方法就是由政府對壟斷進行限制。

各國都有相應的法律與政策對壟斷進行限制。其中主要有管制、反壟斷立法和國有化。

管制是一種行政手段，主要透過價格決定、產品標準與類型、新企業進入條件來對寡頭和壟斷企業的行為進行限制。為了實行這些管制，政府建立了相應的機構。美國最早的管制機構是1887年成立的州際商業委員會（ICC）。到二十世紀七○年代後期，有近四分之一的國內生產總值（GDP）是由受管制行業生產的。管制涉及銀行與金融服務、電訊、煤氣和電力、鐵路、公路運輸、航空等行業。對於這種管制的作用，經濟學家有兩種不同的解釋。一種是「管制的公共利益論」，即管制是為公共利益服務的，有利於優化資源配置。另一種是「管制的俘獲論」，即管制實際上是為受管制行業服務的，不能優化資源配置，只是給生產者帶來了好處。「俘獲」是指政府的管制機構被受管制者俘虜了。近年來，更多的經濟學家傾向於批評管制，美國在二十世紀七○年代末期開始取消對許多行業的管制。總體上看，取消管制的作用是好的，一些受管制行業在取消管制後利潤率下降說明了這一點。

　　反壟斷法也稱反托拉斯法。目的在於用立法手段禁止某些壟斷、限制壟斷，或解散已形成的壟斷。美國較早的反托拉斯法是1890年通過的謝爾曼法，以後又有幾個修正的反托拉斯法。反托拉斯法的作用取決於其實施情況。一個企業的行為是否違背了反托拉斯法取決於法院裁決，這就使反托拉斯法的實施有相當大的隨意性。尤其是法院在裁決壟斷案件時依據一種「合理性原則」，即由合併或協定形成的壟斷不一定違法，只有存在對貿易的不合理限制時才違法。而什麼是「對貿易的不合理限制」要由法院裁定。近年來圍繞微軟壟斷案的爭論說明了反托拉斯法的隨意性，也反映了社會對壟斷的不同態度。

　　國有化是用國家壟斷來代替私人壟斷，目的是把私人壟斷獲得的利潤轉由國家獲得，並由國家提供更好的服務。二戰後許多歐洲國家對電訊、鐵路、鋼鐵、民航等寡頭和壟斷行業的企業實行國有化。但從總體情況看，效果並不好。這些國有企業缺乏一套有效的監督與激勵機制，缺乏競爭，官僚主義嚴重。這就使這些企業效率低下，企業虧損，政府背上了沉重的財政包袱。這正是二十世紀七〇年代末以後各國紛紛對這些國有企業實行私有化的原因，而且，這些私有化是成功的。

　　市場失靈引起政府干預，但政府干預又引起政府失靈，即政府的干預並沒有起到預期的作用。市場和政府都失靈，出路何在呢？結論是市場有不可替代的作用，是主要調節者，但政府仍然是有作用的，問題在於如何根據實際情況把這兩者適當地結合起來。

8. 收入分配：平等與效率

對效率的追求不可避免地產生出各種不平等，因此，在平等與效率之間，社會正面臨著一種選擇。

——阿瑟·奧肯

　　阿瑟·奧肯（Arthur M. Okun, 1928-1980）。美國著名凱因斯主義經濟學家，曾在1964-1968年任總統經濟顧問委員會委員。他論述國內生產總值增長率與失業率之間關係的奧肯定理已成為經典之論。他的名著《平等與效率》是有關這一問題最權威的論著，至今仍受重視。我們引用的這段話就出自這本書。

隨著知識經濟的出現和全球經濟一體化，貧富差距又一次受到關注。有人認為，現在的關鍵仍然是平均主義嚴重，要讓那些對經濟，尤其是對高科技作出貢獻的人更富起來。有人認為，關鍵不在於貧富差距的大小，而在於過程的公平，即每個人都有平等競爭的機會。收入分配已成為全社會關注的問題，經濟學家如何看待這個問題呢？

8.1 企業家賺的是正常利潤

收入分配是解決「為誰服務」的問題。經濟學家認為，勞動、資本、土地（自然資源）和企業家才能這四種生產要素共同創造了社會財富，分配就是把社會財富分給這四種生產要素的所有者。勞動得到工資、資本得到利息、土地得到租金、企業家才能得到正常利潤。分配理論就要研究各種要素所得到的收入多少是如何決定的。

在市場經濟中，各種要素所得到的收入由其在創造社會財富的生產過程中所作出的貢獻決定。這就是市場經濟中的按貢獻分配的原則。這種原則作為一種激勵機制有利於經濟發展。

各種生產要素的貢獻由其生產率和數量所決定。各種要素的生產率由其價格來表示，所以，各種要素的收入就是其價格與數量的乘積。例如勞動的收入就是工資率（每小時的工資，即勞動的價格）乘以勞動量（按小時計算）。這樣，收入分配的關鍵就是生產要素的價格決定。與一切物品的價格一樣，生產要素的價格也是由其供求關係決定的。分配理論是價格決定理論在收入分配問題中的運用。

　　先來看工資的決定。工資是勞動的價格，由勞動的供求決定。勞動的需求是一種派生需求，由對產品的需求派生而來。企業需要勞動是爲了進行生產，實現利潤最大化。企業的勞動需求取決於勞動的邊際生產率，即增加一單位勞動所增加的產量。勞動的邊際生產率也隨著勞動量的增加而遞減。當勞動的邊際生產率與工資相等時，決定了企業所需要的勞動量。如果工資高於勞動的邊際生產率，企業就減少勞動需求量；如果工資低於勞動的邊際生產率，企業就增加勞動的需求量。這樣，勞動需求量就與其他物品的需求一樣，隨工資下降而增加，隨工資上升而減少。勞動的供給主要也取決於工資。如前所述，工資增加引起的替代效應和收入效應決定了勞動供給。如果替代效應大於收入效應，勞動供給隨工資增加而增加。當勞動需求與勞動供給相等時就決定了均衡的市場工資水平。

　　以上所說明的是在完全競爭的條件下工資的決定，但勞動市場往往存在不完全競爭。從勞動供給一方來看，如果工人組成工會，就形成賣方壟斷；從勞動需求一方來看，如果一個企業是某一地區唯一的或規模相當大的企業，就形成買方壟斷。在賣方壟斷的情況下，工會努力提高工資，有可能使工資高於勞動的邊際生產率。在買方壟斷的情況下，企業會竭力壓低工資，有可能使工資低於勞動的邊際生產率。在現實中，工會和企業都可能會有一定的壟斷勢力，實際的工資是由勞資雙方的協商談判決定的。其結果從根本來說，取決於勞動市場的供求狀況，當然其他因素也會有影響。此外，在現實中，最低工資法、效率工資制都會影響工資的決定。工人和企業出於各自收入和生產成本穩定的意願也會在一定時期內保持工資的穩定，而不隨勞動供求的變動而隨時調整工資，尤其在較爲長期的工

資合約和勞資雙方有某種默契的情況下，工資調整會慢於勞動供求的變動，從而形成工資黏性。

資本的價格是利率，利率乘資本量就是資本的收入。在生產中資本的價值並不是簡單的轉移，而是創造出了新價值，因此，資本的收入也是合理的。迂迴生產理論說明了這一點。迂迴生產是先生產資本品（設備機器等），然後用這些資本品生產消費品。迂迴生產提高了生產效率，迂迴生產的過程越長，生產效率越高。迂迴生產的實現借助於資本，資本使迂迴生產成為可能，從而提高了生產率。這種由於資本而提高的生產率是資本的淨生產力。資本淨生產力是資本能帶來利息的原因。資本具有淨生產力引起對資本的需求。要使人們願意放棄現在消費進行儲蓄，提供資本，必須為人們犧牲現期消費提供報酬，這種報酬就是利息。在資本市場上，資本的供求決定了利率。

經濟學所說的土地也是指各種自然資源，這種資源的收入稱為租金。自然資源也對生產作出了貢獻，所獲得的是租金。租金的高低取決於自然資源的供給與需求。隨著經濟發展，社會對包括土地在內的各種自然資源的需求增加，但這種資源的供給是不變的，因此，租金有上升的趨勢。這正是房地產從長期來看會增值的原因。

企業家才能是管理與經營企業的能力。在早期市場經濟階段，資本所有者與經營者往往是合二為一，由一人承擔的，因此，在法國經濟學家薩伊的三要素理論中並沒有把企業家才能單獨作為一種生產要素。隨著市場經濟的發展，管理與經營企業成為一種專門職業，在企業中越來越重要。企業的經營管理權逐漸與所有權分離，出現了職業經理人，因此，英國十九世紀後期的經濟學家馬歇爾把企業家才能作為一種獨立的生產要

素從勞動中分離出來。企業家經營管理企業，進行創新和承擔風險的活動就是企業家才能的運用。企業家為此所獲得的收入稱為正常利潤。

在現代社會中，企業家的收入是相當高的，但這種高收入亦是由企業家才能的供求所決定的。企業家是生產中的靈魂，只有在企業家的高超指揮之下，各種生產要素才得以演出一幕幕有聲有色的生產戲劇，創造出豐富的產品。企業家是一個企業成敗的關鍵，因此，對企業家的需求是很大的。但企業家的供給又是非常少的。成為一個成功的企業家要有先天的智商和情商，要受過系統的高等教育（國外成功的企業家多為名牌MBA畢業生），還要有豐富的經營管理經驗。這樣的人當然是很少的，就像體育或文藝名星那樣。高需求低供給的供求關係決定了企業家的收入極高。而且，應該說，既然有人願意出高價雇用他們，說明他們也值這個價錢。

總之，各種生產要素的收入都是由其供求決定的，這種分配有利於效率的提高，但這種分配原則引起收入分配的不平等。無論按貢獻分配如何合理，如何有利於效率的提高，從平等觀念和社會安定的角度看，這種收入分配不平等不能不引起我們的關注。

8.2 少數人開著寶馬車去高爾夫俱樂部

在現實社會中，一方面是幾千萬人尚未脫貧，另一方面是少數人開著寶馬車去高爾夫俱樂部。其實這種現象不僅中國有，每一個市場經濟國家都是這樣（應該糾正一種錯誤觀念：

計畫經濟下是平等的。計畫經濟下也並不全是按勞分配，而是
工資加權力的分配，由於權力分配的重要性，表面的工資收入
平等掩蓋了權力引起的事實上的巨大不平等）。十九世紀的批判
現實主義作家在他們的作品中揭示了當時社會貧富對立的現
實。今天窮人的狀況沒有那麼悲慘了，但收入分配不平等依然
存在。研究不平等現象存在的原因及政策，在平等與效率之間
作出協調仍然是一個難題。

　　衡量一個社會收入分配平等狀況的指標有好幾種。這種指
標是我們研究的出發點。

　　衡量收入分配狀況常用的指標之一是勞倫斯曲線，即用圖
形表示收入分配狀況。這種曲線有直觀、形象的優點，但只能
在圖形上觀察，不如用具體數值方便。用數值表示收入分配狀
況的指標有基尼係數、庫茲涅茨指數和阿魯瓦利亞指數等。基
尼係數是用收入獲得者（個人或家庭）的相對比例與其所得收
入的相對比例來計算的。基尼係數越大，社會收入分配越不平
等；反之，基尼係數越小，社會收入分配越平等。庫茲涅茨指
數和阿魯瓦利亞指數都是用一定百分比人口的收入份額來表示
收入分配狀況。如果以最富有的20％的人口的收入份額來表
示，則爲庫茲涅茨指數，這一指數的最低值爲0.2，指數越高，
收入差別越大；如果以最窮的40％的人口的收入份額來表示，
則爲阿魯瓦利亞指數，這一指數的最高值爲0.4，指數越低，收
入差別越大。如果以最高收入的20％人口的收入份額與最低收
入的20％的人口的收入份額之比來表示，稱爲收入不良指數，
這一指數的最低值爲1，指數越高，收入差別越大。現在國際上
最通用的是基尼係數。

　　在不同市場經濟社會中，收入分配不平等的原因不完全相

同。但各個社會收入不平等的原因也有一些共同性。

　　如前所述，在市場經濟中每個人的收入取決於自己擁有的生產要素的效率與數量，因此，收入分配不平等首先是個人擁有的生產要素的質量與數量的不同引起的。在現代社會中，勞動是個人擁有的最主要生產要素，每個人的勞動質量和數量都不同。勞動質量是個人能力，包括天賦（腦力與體力的差別）和後天獲得的能力（由正規教育、在職培訓和工作經驗中獲得的人力資本）。經驗證明，在人的能力中教育最重要。美國二十世紀五〇年代高中畢業生與大學畢業生的工資差別為42％左右，八〇年代這一差距已擴大為84％左右。在知識經濟和全球經濟一體化時代，這一差距還在擴大。勞動的數量取決於人努力的程度，每個人的機遇不同影響著人能力的發揮，也是引起個人收入差別的一個因素。人的資源還包括資本與土地。這些是過去積累的結果，也是個人收入差別的歷史原因。

　　社會制度也是引起個人收入差別的重要原因。個別國家存在的戶籍制度，阻礙了勞動力流動，加劇了收入分配差別；工會制度引起工會會員與非工會會員的工資差別。此外，許多國家存在的性別、種族或其他歧視，以及一種無形的制度（習俗）也引起受歧視者的收入偏低。

　　此外，各國的收入差別與其經濟發展階段相關。美國經濟學家庫茲涅茨根據統計資料提出了倒U形理論，即在經濟開始發展時，隨著經濟發展收入分配不平等程度加劇，只有經濟達到一定水平之後，收入分配狀況才會變得平等。儘管有人對這一理論提出質疑，但發展中國家收入分配比發達國家更為不平等是一種普遍現象。發達國家在二戰後，收入分配向平等化的方向發展，但二十世紀八〇年代之後由於知識經濟和全球一體

化，收入分配不平等有加劇的趨勢。在二十世紀九〇年代美國經濟繁榮時期，實際工資普遍增加了，但不熟練工人的實際工資並沒有增加，甚至還略有下降，這使一些人對全球經濟一體化持反對或懷疑態度。

還應該指出的是，在從計畫經濟轉向市場經濟的轉型國家中，收入分配不平等現象較為嚴重，甚至在有些國家出現了尖銳的貧富對立。其原因在於這一轉型過程的中心是私有化，即透過公開或隱蔽的方式把原來的國有資產轉為私人所有。市場經濟是以私有制為基礎的，由計畫經濟轉向市場經濟必然伴隨有私有化過程。但在這一過程中，一些官員利用離國有資產近的有利條件和手中的權力，把國有資產據為己有，這就出現了一個由原當權者形成的新權貴階層（經濟學家把這種經濟稱為權貴資本主義，這種現象不僅發生在轉型中國家，而且也出現在菲律賓、印尼、巴西這類民主制度不完善，權力集中的國家）。另一方面，在轉型中又有大量原來國有企業的工人失業，收入下降。這就使這些國家收入分配不平等問題十分突出，尤其是在社會保障體系不完善的情況下，收入分配不平等激化了各種社會矛盾。

當然，應該指出的是，轉型過程中出現的收入分配不平等也要具體分析。有一些人是利用自己的能力和有利的時機而致富，收入差距拉大是一種正常現象，也是社會進步的表現。中國傳統文化強調的是「不患寡，而患不均」，大陸解放後計畫經濟下的「大鍋飯」分配制度深化了平均主義的小農心理。從整體看，收入差距的拉大是合理的，是一個歷史性進步。但在這個過程中也出現了一些問題，主要是有些人富的路子不對，缺乏一種公平競爭環境；低收入者人數較多，尤其是廣大農民收

入增長較慢；還有一些絕對貧窮人口，社會保障還不健全，因此，一方面我們要讓真正為社會作出大貢獻的人（如成功的企業家，有貢獻的科技人員）得到應得的高收入；另一方面，也要下大功夫改變低收入者的現狀。平等不是收入的平均，而是機會的均等，是有一個公平競爭的環境。

8.3 蛋糕要做大並且要分得平等

收入分配涉及到效率與公平的關係，既包括如何把蛋糕做大，又包括如何使蛋糕分得更平等一些。按市場原則分配，有利於每個人有效地利用與配置自己包括勞動在內的資源，從而有利於效率的實現。對於公平卻有不同的理解，結果公平論強調收入分配平等化，過程公平論強調權力的平等與競爭過程的平等。大多數經濟學家還是強調效率優先，兼顧公平。分配的基礎是生產，沒有經濟的發展，一切都談不上，平等也只是「共同貧窮」。但任何一個政府也都要用收入分配政策來糾正收入差距過大的現象。因為這不僅有助於公平這一目標的實現，而且也有利於社會穩定和經濟發展。

在市場經濟初期，貧困現象就引起社會關注。最早的濟貧工作往往由教會與慈善機構承擔，但不久之後由於這些機構難以承擔這項工作，濟貧就成為政府的職責之一。十七世紀英國就通過了濟貧法。系統的社會保障與福利計畫在二十世紀三〇年代大危機時期出現在瑞典等北歐國家。二十世紀四〇年代，英國的貝佛里奇公爵提出了全面實現社會保障與社會福利的「貝佛里奇計畫」。二戰後西方各國實施了這種計畫，出現了

「從搖籃到墳墓」的福利國家。

收入分配政策的目的是實現收入分配平等化，縮小收入差距，政策手段主要是稅收政策和社會保障與福利政策。

收入分配中的稅收政策不同於宏觀財政政策的稅收政策，其目的是透過稅收減少富人的收入，縮小收入差距。用於這種目的的稅收政策包括個人所得稅、遺產稅和財產稅，以及消費稅。個人所得稅是最重要的，它透過累進所得稅制來縮小收入差距。累進稅制是根據收入的多少確定稅率，收入越高，稅率也越高，對高收入者按高稅率徵稅，對低收入者按低稅率徵稅，低於一定水平的收入免徵所得稅。例如美國個人所得稅的最低稅率爲11％左右，而最高稅率在50％左右。遺產稅和財產稅都是針對富人的，因爲低收入者沒有什麼財產，也談不上給子孫留遺產，這種稅率一般都是較高的，普遍在50％以上。有些國家遺產稅甚至高達80％至90％。其目的在於減少由於財產所引起的收入不平等。消費稅是對某些奢侈性商品和勞務徵收高稅收。這些物品主要由高收入者消費，對這些物品的徵稅也是爲了讓他們交更多的稅。當然，由於這些物品需求富有彈性而供給缺乏彈性，在徵收高稅收的情況下，富人可以消費其他替代性物品與勞務，效果並不明顯。

如果說稅收政策是透過對富人徵稅來實現收入平等化，那麼，社會保障與福利政策則是要透過給窮人以補助來實現收入分配平等化。社會保障與福利政策主要包括：第一，各種形式的社會保障，例如給失業工人的失業津貼、給老年人的養老金、對收入低於貧困線者的貧困補貼、對有未成年子女家庭的補助等等，這些補貼以貨幣支付爲主要形式，也有發放食品券等實物的。第二，向貧困者提供就業與培訓機會。第三，醫療

保障與醫療援助，幫助低收入者醫療之用。醫療保障指醫療的各種必要支出，醫療援助指護理及出院後的其他費用。第四，最低工資法等保護低收入者的立法。第五，向低收入者提供低房租住房等等。

應該承認，這些政策對縮小收入差距、改善低收入者的狀況，穩定社會起到了積極作用。但也引起了兩個不利後果：第一是降低了社會的生產效率，增加個人所得稅使有能力的人的生產積極性下降，也增加了低收入者對社會保障和社會福利的依賴。第二是增加了政府的財政負擔。在許多西方國家，用於社會保障和福利的支出已占政府支出的50％以上，在一些高福利的歐洲國家甚至占到GDP的50％以上。這些問題已引起廣泛關注，引起各國探討社會福利改革之路。

以上所介紹的是西方國家的收入分配政策，中國大陸的情況與它們不同，解決收入分配不平等的方法也不會完全相同。首先，仍要以發展經濟為首要任務，堅持效率優先，一切政策，包括收入分配政策，都應以此為中心，決不能回到平均主義，以平等為唯一目的的老路上。其次，在發展經濟中提高低收入者，尤其是農民的收入，擴大中等收入者的人數，使中等收入者成為人口中的主體。最後，要健全社會保障與福利體系。我們的這種體系應該以低標準、廣覆蓋為原則，不能走高福利之路。

效率與平等的交替也是我們現在所面臨的問題，也許解決這一問題的難點不在確定原則，而在於如何去作，這正是經濟學要深入探討的問題。

宏觀經濟指標

　　GDP衡量一切，但並不包括使我們生活有意義的東西。

　　　　　　　　　　　　——羅伯特‧甘迺迪

　　羅伯特·甘迺迪（Robert F. Kennedy, 1925-1968），美國總統約翰·甘迺迪之弟，曾任美國司法部長和參政員，1968年在競選總統時被暗殺。我們所引用的這句話就是他在競選總統時的演說，其中對國內生產總值這個經濟指標的批評。他不是經濟學家，但他的這段話頗受經濟學家重視。

在前幾章中我們說明了市場經濟中個人與企業如何決策，以及市場機制的調節如何實現有效的資源配置，這部分內容稱為微觀經濟學。但從整體經濟來看，儘管資源是稀缺的，有時卻被浪費。在二十世紀三〇年代大蕭條時期，美國的失業率高達25％，設備大量閒置。經濟的運行出了什麼問題？為什麼稀缺的資源被浪費？如何才能使經濟中的資源得到充分利用？這就需要從整個經濟的角度來研究經濟運行的規律。宏觀經濟學正是要透過對整體經濟中常見的失業、通貨膨脹、經濟週期和經濟增長這些重大問題的研究，來探討整體經濟運行的問題，並解決這些問題。人類也早就關注過整體經濟的運行問題，但現代意義上的宏觀經濟學是在二十世紀三〇年代之後發展起來的，其標誌是英國經濟學家凱因斯1936年發表的《就業、利息和貨幣通論》。

一個經濟的整體運行情況可以用具體數位來表示，這些數位就是宏觀經濟指標。我們研究宏觀經濟學首先要關注這些指標。能夠表示一個經濟的宏觀經濟指標很多，在這些指標中，我們最關注三個指標：國內生產總值、物價指數和失業率。

9.1 GDP 與 GNP

衡量一個經濟整體狀況的最重要指標是國內生產總值（英文縮寫GDP）。

國內生產總值是一國一年內所生產的最終產品（物品與勞務）市場價值的總和。這裡所說的「一國」是指在一國的領土範圍之內，這就是說只要在一國領土之內，無論是本國企業還

是外國企業生產的都屬於該國的GDP。過去常用的國民生產總值（GNP）中的一國是指一國公民，這就是說本國公民無論在國內還是國外生產的都屬於一國的GNP。國內生產總值與國民生產總值僅一字之差，但有不同的含義。在用GNP時，強調的是民族工業，即本國人辦的工業；在用GDP時，強調的是境內工業，即在本國領土範圍之內的工業。在全球經濟一體化的當代，各國經濟更多地融合，很難找出原來意義上的民族工業。聯合國統計司1993年要求各國在國民收入統計中，用GDP代替GNP正反映了這種趨勢。現在各國也都採用了GDP這一指標。

「一年內生產的」指在一年中所生產的，而不是所銷售的。例如，1999年共建房屋價值1000億元，其中600億元是在1999年售出的，其餘400億元是在2000年售出的。在計算GDP時，這1000億元全計入1999年的GDP中（沒有賣出的部分稱為存貨，作為投資的一部分），2000年賣出的400億元，並不再計入2000年的GDP。同樣，例如，2000年拍賣了一幅張大千的畫，價值100萬元，但這100萬並不是2000年的GDP，只有拍賣服務的價值（比如5％，5萬元）屬於2000年的GDP。

「最終產品」是指最後供人們消費使用的物品，它有別於半成品和原料再投入生產的中間產品。GDP的計算中不包括中間產品，只包括最終產品，是為了避免重複計算。例如小麥的價值為100億，麵粉為120億，麵包為150億。這三種產品中只有麵包是最終產品，GDP中只計算麵包的產值150億，如果把小麥的價值100億，麵粉的價值120億也計算在GDP中，則為370億，其中220億為重複計算。在現實中有時難以區分中間產品與最終產品，所以，可以用增值法，即計算各個生產階段的增值。在以上的例子中，小麥增值為100億，從小麥變為麵粉增值

為20億（麵粉的價值120億減去小麥的價值100億），從麵粉變為麵包增值為30億（麵包的價值150億減去麵粉的價值120億），把這些增值加起來與最終產品的價值一樣（100億＋20億＋30億＝150億）。還要注意的是，最終產品中既包括有形的物品，也包括無形的勞務（例如旅遊、理髮等）。

「市場價值」指GDP是按價格計算的。在用價格計算GDP時，可以用兩種價格。如果用當年的價格計算GDP，則為名義GDP；如果用基年（統計時把某一年作為基年）的價格計算GDP，則為實際GDP。例如，如果用2000年的價格計算2000年的GDP，則為2000年的名義GDP，如果用基年（如1990年）的價格計算2000年的GDP，則為2000年的實際GDP。

為了用GDP反映宏觀經濟中的各種問題，我們還可以定義各種相關的GDP。潛在GDP是經濟中實現了充分就業時所能實現的GDP，又稱充分就業的GDP，反映一個經濟的潛力；實際GDP是用基年價格計算的某一年的GDP；名義GDP是用當年價格計算的GDP；人均GDP是指平均每個人的GDP；潛在GDP的增加就是經濟增長；潛在GDP與實際GDP的差別反映了經濟週期的情況，如果實際GDP大於潛在GDP，則經濟高漲，有通貨膨脹的壓力；如果實際GDP小於潛在GDP，則經濟衰退，有失業的壓力。實際GDP反映一國的經濟實力和市場規模，而人均GDP反映一國的富裕程度。正因為如此，我們把GDP作為反映一國宏觀經濟的最基本指標。

在國民收入統計中，主要用兩種方法計算GDP。一種是支出法，即把用於購買各種最終產品的支出相加得出GDP。一種是收入法，即把用於生產最終產品的各種要素得到的收入相加得出GDP。這兩種方法都有一套計算的規則與方法，這裡不詳

細介紹。因為這兩種方法是分別從使用和生產的角度來計算同樣的最終產品，所以，得出的結果（即GDP）在理論上是完全一樣的。

在研究宏觀經濟中，GDP是一個極為有用而重要的指標。但正如本章前面所引用的羅伯特·甘迺迪的話所說明的，GDP並不是一個完美的指標，也有許多缺點。第一，GDP的計算中有一些遺漏。GDP按市場價值計算，但經濟中有一些活動並不透過市場，例如非法的販毒活動、為逃稅而進行的地下經濟活動、消費者為自己服務的家務勞動等等，這些活動也提供物品與勞務，應該是GDP的一部分，但由於不透過市場而無法計入GDP。在不同的國家，這部分未計入GDP的活動差別很大，高者達三分之一，低者也有10％左右。第二，GDP計算的是經濟活動，但並不是經濟福利。因為GDP並不等於經濟上能給人們帶來好處。例如用於戰爭的軍火生產是GDP的一部分，但並不能給人們帶來福利；引起污染的生產也帶來GDP，但也許污染給人們帶來的損失大於產品帶來的福利；可以給人們帶來福利的閒暇並不能計入GDP中；諸如此類。第三，由於各國的匯率與價格差別，以及各國的市場化程度不同，很難把各國的GDP進行比較。

儘管GDP有這樣那樣的缺陷，但目前還沒有一個更好的指標能代替GDP，所以，經濟學家仍然在用這個指標。我們在運用這個指標時，不要忘記它的缺陷。也許經濟學家以後會改進GDP指標，或者找到更好的指標，但目前我們仍然只能用GDP這個指標。

9.2 你現在的工資相當於 1978 年的多少

現代經濟是貨幣經濟，通貨膨脹（或通貨緊縮）是一個極為重要的問題，衡量通貨膨脹的是物價指數。

物價指數是衡量物價總水平變動情況的指數。物價總水平上升是通貨膨脹，物價總水平下降是通貨緊縮，因此，物價指數反映了經濟中的通貨膨脹或通貨緊縮。

物價指數是用一籃子固定物品（與勞務）不同年份的價格，來表示物價總水平的變動情況。假設我們所選的一籃子物品是 5 個麵包和 10 瓶飲料，在 2000 年，每個麵包價格為 1 元，每瓶飲料價格為 2 元，這兩種物品的總支出是 25 元（1 元 × 5 ＋ 2 元 × 10）。在 2001 年，每個麵包價格為 2 元，每瓶飲料價格仍為 2 元，這兩種物品的總支出是 30 元（2 元 × 5 ＋ 2 元 × 10）。把 2000 年作為基年，25 元則為物價指數 100，2001 年的物價指數是 120。從 2000 年到 2001 年，物價指數上升了 20（120 － 100），所以，通貨膨脹率為 20％。我們只是用一個簡單的例子來說明物價指數的計算，在實際計算中，一籃子固定物品中包括的物品與勞務要多得多，計算也要複雜得多，但基本原則是相同的。

各國常用的物價指數主要是消費物價指數、生產物價指數和 GDP 平減指數。這三種物價指數的差別在於一籃子物品中所包括的物品與勞務不同，計算時依據的價格也不同。

消費物價指數用的一籃子固定物品是消費品和勞務（按美國的定義是城市中等收入家庭所經常消費的物品與勞務，根據

經濟發展和人們消費結構的變動，在一定時期內，這一籃子固定物品的品種也在變動。例如，當收音機被淘汰，而更多的人使用VCD唱機時，統計當局就會在一籃子物品中刪除收音機，而加上VCD唱機），所用的價格是市場上的零售價格。

生產物價指數用的一籃子固定物品是生產資料，所用的價格是批發價格，也稱爲批發物價指數。

GDP平減指數的一籃子固定物品包括經濟中的所有物品與勞務，是某一年的名義GDP與實際GDP之比。其計算公式是：（某一年名義GDP／某一年實際GDP）×100。例如：2000年名義GDP爲5萬億元，實際GDP爲4萬億元，則GDP平減指數爲（5萬億元／4萬億元）×100＝125，這表示，按GDP平減指數，2000年的物價水平比基年上升了25％，即這些年間的通貨膨脹率爲25％。

這三個指數都反映了物價水平變動的情況，它們所反映出的物價水平變動的趨勢（上升或下降）是相同的。但由於一籃子固定物品中所包括的物品與勞務並不相同，而各種物品與勞務的價格變動又不同，所以，這三個指數計算出的物價指數並不同，由此所得出的通貨膨脹率和通貨緊縮率也不相同。GDP平減指數包括所有物品與勞務，最全面而準確地反映了經濟中物價水平的變動。但由於消費物價指數與人民的生活費用指數變動關係最密切，爲人民最關切，也是根據物價水平變動來調整工資、養老金、失業津貼、貧困補貼等的依據，所以，一般媒體所說的通貨膨脹率都是指消費物價指數的變動。

在研究經濟問題時，物價指數是十分重要的。只有考慮到物價指數才能正確估算出貨幣購買力的變動。例如1932年美國總統胡佛的工資是每年7萬美元，現在美國總統小布希的工資是

40萬美元（他的前任柯林頓才20萬美元）。僅僅從貨幣工資的角度看，小布希的工資是胡佛的近7倍，但如果考慮到貨幣購買力的變動，用物價指數來計算，當年胡佛7萬美元的工資相當於今天的100萬美元左右，小布希的工資不及胡佛的一半，這70年間，美國總統的實際工資大大下降了。你可以根據我國的物價指數算算你現在的工資相當於1978年的多少。

　　爲了糾正通貨膨脹所引起的貨幣購買力下降，保持人民收入水平不變，就要根據消費物價指數來調整各種收入，這種做法稱爲收入指數化。根據消費物價指數調整收入就意味著把消費物價指數等同於生活費用指數，但這兩個指數相同嗎？

　　經濟學家指出，實際上消費物價指數與生活費用指數並不相等，消費物價指數往往高估了生活費用指數，這個問題具有現實政策意義。消費物價指數高估生活費用指數的主要原因是：第一，消費者可以用物價水平上升低（甚至下降）的物品來替代物價上升高的物品，從而生活費用的上升低於物價水平的上升。第二，消費物價指數無法反映物品質量的上升，從而把生活質量的提高簡單地表示爲物價水平上升。例如汽車的質量提高了，價格也上升了，這種價格上升表示人們所開的汽車更快、更安全，儘管物價水平上升，但並不是生活費用的增加，而是生活水平的提高。據美國經濟學家估算，美國的消費物價指數比生活費用指數高估1％至1.5％左右。這樣，在根據消費物價指數對養老金等由政府支出的收入指數化時，就使政府支出增加了許多，加劇了財政困難。

　　許多經濟學家正在研究如何更準確地計算消費物價指數問題，但仍沒有重大突破。

9.3 「遺憾指數」與「不受歡迎指數」

失業率是表示一國失業嚴重程度的一個指標，也是反映宏觀經濟狀況的一個重要指標。

失業率的計算涉及到一些劃分人口的概念。首先，在全部人口中，一定年齡範圍內的人屬於工作年齡人口。在美國，16歲以下人口爲未成年人，65歲以上人口爲老年人，工作年齡人口爲16至65歲的人。第二，在工作年齡人口中有一些人無法參加勞動（如在正規學校全日制學習的人）、一些無勞動能力（如殘疾人），還有一些人不願意參加工作（如自願在家從事家務勞動的人），剩下的人才是勞動力。勞動力在工作年齡人口中的比例稱爲勞動力參工率。第三，勞動力中分爲就業人口和失業人口。

失業率是失業人口與勞動力之比，所以，失業率＝失業人口／（就業人口＋失業人口）。

我們可以用一個例子說明這些概念。假設一個國家共有2億人，16歲以下未成年人爲1500萬人，65歲以上人口爲500萬人。這樣，該國的工作年齡人口，即成年人，爲1.8億（2億－0.15億－0.05億）。在這1.8億中，全日制學校的學生爲800萬人，無勞動能力者爲100萬人，自願不參加工作者爲100萬人，則勞動力爲1.7億人（1.8億－800萬－100萬－100萬）。勞動力參工率爲1.7億／1.8億＝0.94。勞動力中就業人數爲1.5億人，失業人口爲0.2億人，則失業率爲0.2億／（1.5億＋0.2億）≒0.12，即12％。

在用失業率來分析宏觀經濟狀況時要注意幾個問題：第一，許多國家失業率是用抽樣統計來計算的，如美國根據對6萬個左右家庭的抽樣調查來確定失業率，這樣就無法準確地反映全面的失業狀況。第二，在失業人口中，有大多數人或由於找到新工作，或由於退休而退出勞動力隊伍，他們的失業時間短，但有少數人失業時間長。在不同的人群中失業率差別很大，如白人男性失業率最低，而黑人婦女和青年失業率高。失業率是總體狀況，無法反映出這些個別的差別，而這些差別對研究失業原因和尋找失業對策還是十分重要的。第三，由於一些原因，失業率也會低估實際的失業狀況。例如部分時間工作者並沒有計入失業範圍之內，而這些人只要有機會還是要尋找全職工作的。還有一些人在就業困難時也會退出勞動力隊伍，但當形勢變好時，又會回到勞動力隊伍中尋找就業，在他們退出勞動力隊伍時，也不計入失業之內。

國內生產總值、物價水平和失業率是三個最重要的宏觀經濟指標，我們可以用這些指標再計算出其他反映宏觀經濟狀況的指數。

把通貨膨脹率與失業率加在一起，所計算出的指數稱爲遺憾指數（或痛苦指數）。例如通貨膨脹率爲5％，失業率爲5％，則遺憾指數爲10％。這個指數說明人們對宏觀經濟狀況的感覺，這個指數越大，人們會感到越遺憾或越痛苦。

人們是根據對宏觀經濟的感覺來確定對政府的態度的。在失業與通貨膨脹中，人們往往更重視失業狀況。根據美國耶魯大學的學者調查，人們對失業的重視程度是通貨膨脹的6倍，因此，表示人們對政府歡迎（或不歡迎）程度的不受歡迎指數是6乘失業率加通貨膨脹率。在上面的例子中，不受歡迎指數爲6×

5％＋5％＝35％。這一指數越高，政府越不受歡迎，本屆政府連選連任的機會也越少。

如果把失業率乘2加通貨膨脹率，這一指數稱為名義國內生產總值指數。在上例中，名義國內生產總值指數就是2×5％＋5％＝15％。這個指數反映整體經濟運行狀況，也可以用於指導宏觀經濟政策，例如，在這一指數為一定時，政府不用採取任何政策。

以上說明，儘管反映宏觀經濟狀況的指數不少（如股價、利率、匯率等），但這三個指標是最重要的。

長期中的宏觀經濟：經濟增長與物價

　　一個國家的經濟增長，可以定義爲給居民
提供種類日益繁多的經濟產品的能力長期上
升，這種不斷增加的能力是建立在先進技術，
以及所需要的制度和思想意識之相應的調整的
基礎上的。

　　　　　　　　　　　——西蒙·庫茲涅茨

　　西蒙·庫茲涅茨（Simon S. Kuznets, 1901-1985），美國經濟學家，1971年諾貝爾經濟學獎獲得者。他建立了現代國民收入核算體系，被稱為「GNP之父」。他根據統計資料對經濟增長的研究，為現代經濟增長理論奠定了基礎。我們所引用的是他給經濟增長所下的定義，這個定義至今仍被作為經典性定義。

在研究宏觀經濟時，也要區分長期與短期。長期指價格有完全伸縮性，從而市場調節可以實現均衡的時期。這就是說，只要時間足夠長，市場機制是充分有效的。短期指價格有黏性（即價格變動慢於供求變動），從而無法自發調節使經濟恢復均衡的時期。這就是說，當時間短時，市場機制的調節作用是不夠的。長期經濟是短期經濟的基礎，而且，經濟學家對長期經濟的看法基本上是一致的，因此，在分析宏觀經濟時，我們從分析長期中的經濟開始。長期中的宏觀經濟問題包括經濟增長和物價水平決定。

10.1 增長的路徑依賴

在長期中，經濟增長是一個關鍵問題。一個經濟只有保持持續增長，才能提高生活水平。

經濟增長研究經濟增長的長期趨勢，用實際國內生產總值的增長率（即經濟增長率）來衡量。經濟增長作為一種長期趨勢，取決於一個經濟的總供給能力，這種總供給能力從根本上說，取決於一個經濟的制度、資源和技術，這些就是決定經濟增長的因素。制度是經濟增長的前提，資源和技術是經濟增長的源泉。

美國經濟學家道格拉斯·諾斯強調「增長的路徑依賴」，即一個國家只有選擇了一條正確的道路，有一套制度的保證才能走上增長之路。這條正確的道路就是市場經濟。但要保證市場經濟的正常運行，還需要有一套與之相適應的制度，這種制度包括產權制度、合約制度、貨幣制度等等。沒有保證私人財產

的產權制度，沒有保證交易順利進行的合約制度和貨幣制度，市場經濟是不可能的。當然，這裡所說的制度包括的內容還相當廣泛。例如專利制度、現代企業制度、收入分配制度等等。市場經濟是一個複雜的系統體系，由各種制度來保證。制度的不完善是經濟增長緩慢的一個原因。中國二十多年的經濟迅速增長正來自於以制度變革爲中心的改革，今天現實中存在的各種問題也源於制度的不完善性。

　　資源包括自然資源、勞動和資本。自然資源包括地理位置、土地狀況、礦藏、水源、氣候等等。這些因素對經濟增長有重要影響。經濟最早在寒帶地區和沿海地區得到發展，今天許多發達國家自然資源條件優越，證明了自然資源的重要性。但自然資源絕不是決定性的因素，自然條件好的國家經濟落後，自然條件差的國家經濟發達，自然條件相同的國家經濟發展差別很大，說明了這一點。在研究經濟增長時，我們把自然資源作爲既定的，重點分析勞動與資本這兩種資源。

　　勞動包括勞動力的數量與質量。勞動創造財富，經濟增長來自勞動力數量增加和質量提高。勞動力數量增加來源於人口自然增長、勞動力就業率提高（尤其是婦女勞動力就業率提高）、移民和勞動時間增長。在經濟發展初期，人口增長迅速，經濟中的勞動的作用主要表現爲勞動力數量增加。在經濟發展到一定階段之後，勞動力質量就重要了。勞動質量包括勞動者的身體與文化素質。勞動力質量的提高主要來自於人力資本投資。人力資本投資則與資本相關。

　　資本分爲物質資本和人力資本。物質資本又稱有形資本，指廠房、設備、存貨、基礎設施等資本存量。人力資本又稱無形資本，指體現在勞動者身上的資本存量，如透過正規教育、

在職培訓和實踐中所得到的知識、技能和經驗，透過提高營養水平而改善的健康狀況，這些形成人力資本的支出稱爲人力資本投資。經濟增長中的一般規律是資本的增加要大於人口增加，即人均資本增加。只有人均資本增加，才有人均產量的提高，即勞動生產率的提高，生產率的提高是經濟增長的關鍵。在經濟開始增長時，資本的增加是至關重要的，所以，許多經濟學家把資本積累占國民收入的10％至15％作爲經濟起飛的先決條件。資本的增加來自國內儲蓄和國外資本的進入。

當代經濟學家強調，經濟增長的關鍵因素是技術進步。技術進步提高了生產率，即投入同樣的勞動與資本，可以提供更多的產品與勞務。技術進步包括知識的進步與運用、規模經濟的實現，以及資源配置的改善。經濟學家發現，各國增長過程中表現出人口高增長率和產量高增長率，但產量增長率高於人口增長率，要素生產率迅速提高，這就體現了技術進步的重要性。此外，根據傳統經濟理論，隨著資本量增加，資本的邊際生產率是遞減的，這就表現爲利潤率下降的趨勢。但根據對統計資料的研究，並不存在這種趨勢，其原因則是在技術進步的條件下，資本的增加不是同樣資本設備的數量增加，而是更先進的資本設備替代了陳舊的設備，是更多的人力資本提高了勞動者的素質，這時就不會出現資本邊際效率遞減和利潤率下降了。從歷史的經驗來看，經濟增長中有一半以上要歸功於技術進步，生產率的提高80％來自技術進步。

在經濟發展的初期階段，資本和勞動的數量增加十分重要，但隨著經濟發展，技術進步的作用越來越重要，並成爲增長的首要源泉。如果把勞動與資本增加引起的增長稱爲投入型增長，把技術進步引起的增長稱爲技術型增長，那麼，在經濟

發展過程中一定要由投入型增長轉變爲技術型增長。能否實現
這種轉變是經濟能否持續增長的關鍵。

　　1994年在東南亞國家增長最快的時期，美國經濟學家克魯
格曼指出，這些國家的高速增長是「紙老虎」，原因就在於沒有
實現由投入型增長向技術型增長的轉變。這些國家依靠投入型
增長是無法持續的，據此他預言了東南亞經濟危機的發生。這
種觀點當時受到許多人反對，但從現在來看，他的話眞是不幸
而言中了。

10.2 增長模型百花爭豔

　　經濟增長一直是經濟學家所關注的問題。十八世紀英國古
典經濟學家亞當·斯密在其《國富論》中探討國民財富是什
麼，以及如何增加國民財富，實際上就是研究經濟增長問題。
在歷史上許多經濟學家都對經濟增長提出了至今仍有影響的思
想，但現代經濟增長理論是在二戰以後發展並形成的。

　　二十世紀四〇年代美國經濟學家庫茲涅茨研究了各國經濟
增長的統計資料，歸納出了經濟增長的數量特徵，是人口的高
增長率和產量的高增長率，以及生產率的高增長率；結構特徵
是經濟結構的轉變（從第一產業轉向第二產業，然後又轉向第
三產業）；國際特徵是經濟增長在各國迅速擴散，以及各國增
長的不平衡性，並把經濟增長原因歸結爲技術進步、制度變化
和意識形態變化。美國經濟學家羅斯托強調了資本積累在經濟
增長中的重要作用。這些研究成爲現代增長理論的開端。

　　以後的經濟學家著重分析各種因素與經濟增長之間的關

係，建立了各種經濟增長模型。最早的增長模型是由英國經濟學家哈羅德和美國經濟學家多馬分別建立的，因爲他們這兩個模型的基本思路相同，所以一般稱爲「哈羅德－多馬增長模型」。這個模型的中心是分析資本積累與經濟增長的關係，其基本公式是：經濟增長率（G）＝儲蓄率（S）／資本（K）－產出比率（C）。資本－產出比率是生產一單位產出所需的資本量，它由生產的技術狀況決定。在技術不變的情況下，這一比率是不變的。哈羅德－多馬增長模型假使技術不變，經濟增長率就取決於儲蓄率。例如：假設資本－產出比率爲3，當儲蓄率爲12％時，增長率就是4％。儲蓄是資本積累的唯一來源，所以，這一模型把資本積累率作爲決定經濟增長的唯一因素。這個模型還說明了，當實際儲蓄率與合意的儲蓄率一致時，經濟可以實現長期穩定的增長。這種強調儲蓄與資本積累和增長之間重要聯繫的思想，反映了當時普遍的看法。

二十世紀五〇年代後期美國經濟學家索洛等人提出了新古典增長模型。這一模型強調了經濟增長取決於三個因素：勞動增長率、資本增長率和技術進步率。在生產中，勞動與資本的比例是可以變動的。在經濟增長中，勞動與資本的比率也可以透過市場機制來調節。這就是說，如果勞動的相對價格低於資本的價格，就可以使用多用勞動少用資本的勞動密集型方法來實現增長；如果資本的相對價格低於勞動的價格，就可以使用多用資本少用勞動的資本密集型方法來實現增長。市場調節，即勞動與資本價格的變動，可以透過調節勞動與資本的比率來實現經濟的穩定增長。在哈羅德－多馬增長模型中，穩定的增長取決於合意的儲蓄率與實際儲蓄率的相等，在現實中這個條件是難以實現的，因此，哈羅德－多馬增長模型指出的穩定增

長之路有相當大局限性，被稱為「增長的刃鋒」。

　　新古典增長模型認為可以透過市場機制調節資本與勞動的比率來實現穩定增長，這就現實多了。因為這個模型強調了穩定增長中市場機制的作用，與新古典經濟學強調市場機制作用的觀點相同，所以稱為新古典增長模型。新古典增長模型的另一個特點是強調了技術進步在經濟增長中的作用。索洛研究實際資料時發現，在經濟增長中扣除了勞動增長與資本增長的貢獻之後還有一個「餘量」。例如：經濟增長率為3％，勞動增加引起的增長為0.8％，資本增加引起的增長為0.7％，剩下的1.5％來自於什麼呢？索洛把這種「餘量」的來源歸因於技術進步。儘管從現在來看索洛對技術進步的作用分析尚不全面、深入，尤其是他把技術進步作為增長模型的一個外生變數，而不是內生變數，但他對技術進步的關注是一個重大貢獻。

　　二十世紀六〇年代美國經濟學家丹尼森、肯德里克等人進一步對經濟增長中的技術進步進行了定量分析。他們用經濟計量學方法計算出了知識進步、規模經濟、經濟從低生產率部門向高生產率部門轉移這些構成技術進步的因素，以及整體技術進步在經濟增長中的作用大小，這樣對技術進步在經濟中的作用有了更進一步的認識。

　　二十世紀七〇年代經濟增長研究的熱點是增長給社會帶來的負作用，羅馬俱樂部發表的《增長的極限》中提出的世界末日模型是這種思想的代表。這個模型認為，由於人口增長而食物的生產要受到資源的限制，加之水、礦藏這類不可再生性自然資源的消耗，以及環境污染嚴重，如果人類這樣增長下去必然在2010年崩潰。這個模型引起了全世界廣泛的爭論，支持者提出了限制增長，實現零增長的目標，以維持全球的生存與平

衡，反對者把這個模型稱爲「用電腦的馬爾薩斯」悲觀論（這個模型的結論是根據電腦計算的結果得出的）。當然，從今天來看，世界末日模型並不正確，人類社會在增長中解決了各種問題。但這個模型也引起人們對資源利用和環境污染等問題的重視，以後的可持續發展的思想是這個模型的發展與運用。

自二十世紀六〇年代之後，除了世界末日模型曾風靡一時外，增長理論基本上處於停滯階段。在二十世紀八〇年代產生了「新增長理論」之後，經濟增長理論才又一次受到關注。早在二十世紀六〇年代，當時的美國青年經濟學家羅默等人，就提出了把技術進步這個因素作爲增長模型內生變數的想法，以便改進索洛的新古典經濟增長模型──在這個模型中，技術進步是經濟增長的外生變數。到二十世紀八〇年代，羅默等人建立了把技術進步作爲經濟增長內生變數的新經濟增長理論。這種理論重點分析勞動、資本與技術進步之間的關係。這一理論中有影響的是羅默模型、盧卡斯模型和斯科特模型等。這些模型說明了技術進步體現在資本上是運用了更爲先進的設備，這些設備包含著更爲先進的技術；技術進步體現在勞動力身上是文化技術水平的提高。資本增加不是原有設備的簡單增加，而是採用了新技術的設備代替了落後的設備。勞動增加也不是勞動力數量增加，而是勞動力素質的提高。資本增加和勞動增加是技術進步的結果，技術進步是經濟增長的中心。這種理論反映了當代經濟增長的基本特徵，也指出了經濟增長的必由之路是推動技術進步，尤其是重大的技術創新。

經濟增長理論得出的結論對實現長期宏觀經濟的增長是極有意義的。

10.3 關閉貨幣水龍頭

　　貨幣在經濟中具有重要作用。但它在短期與長期中對經濟的影響並不同，在長期中貨幣決定物價水平，這就是經濟學中的貨幣數量論。

　　貨幣數量論是一種歷史悠久的貨幣理論。這種理論最早由十六世紀法國經濟學家波丹提出，現在繼承這一傳統的是美國經濟學家弗里德曼的現代貨幣數量論。這一理論的基本思想是：貨幣的價值（即貨幣的購買力）和物價水平都由貨幣數量決定。貨幣的價值與貨幣數量成反比例變動，物價水平與貨幣數量同方向變動。這就是說，貨幣數量越多，貨幣的價值越低，而物價水平越高；反之，貨幣數量越少，貨幣的價值越高，而物價水平越低。

　　貨幣數量論的基本思想可以用數量方程式來表示：總交易量（T）×物價水平（P）＝貨幣數量（M）×貨幣流通速度（V）。在這個方程式中，總交易量就是實際GDP，在充分就業時是既定的，貨幣流通速度是一單位貨幣在一年內完成的交易次數，由交易制度等因素決定，可以假定為不變的。這樣，物價水平（P）就與貨幣量（M）同比例變動。

　　貨幣數量論說明了兩個重要問題。第一，決定物價水平的唯一因素是流通中的貨幣數量。第二，決定通貨膨脹率的是貨幣數量增長率。

　　根據貨幣數量論，貨幣對經濟中的實際變數（國內生產總值、就業量等）並沒有影響，而僅僅影響名義變數（物價水

平、名義利率等），這就是貨幣中性論。古典經濟學家都信奉貨幣中性論。這樣，他們就把經濟學分爲研究實際變數的經濟理論和研究名義變數的貨幣理論，這種方法被稱爲「古典二分法」。

英國經濟學家凱因斯打破了這種「古典二分法」，透過利率把實際變數與名義變數，實物經濟與貨幣聯繫起來，從而得出了貨幣數量既影響實際變數，又影響名義變數的結論。這是經濟學中的一個重大突破。

那麼，貨幣數量論完全錯了嗎？現代經濟學家認爲，在長期中貨幣數量論仍然是正確的，但在短期中凱因斯的理論是正確的。這就是說，在短期中，貨幣數量的變動既影響實際變數，又影響名義變數，但在長期中，貨幣數量的變動只影響名義變數。換言之，在長期中貨幣數量決定物價水平，通貨膨脹的唯一原因是貨幣數量的增加。

經濟學家對貨幣數量論在長期中的正確性進行了檢驗。他們根據各國長期中通貨膨脹率和貨幣數量增長率之間的統計數字發現，這兩者之間雖然不一定完全是同比例變動，但一定是同方向變動，而且相關性極高。從資料上看，總是貨幣數量變動在先，而通貨膨脹變動在後，這顯示貨幣量增加是原因，通貨膨脹加快是結果。此外，對超速通貨膨脹（每月通貨膨脹率在50％以上）的研究表明，這種極爲嚴重的通貨膨脹無論在哪一個國家，在哪一個歷史時期，毫無例外地都是由於貨幣量的迅速增加所引起的。貨幣量如此迅速增加的原因往往又是政府用發行貨幣來彌補鉅額財政支出引起的財政赤字。正是在這種意義上，美國經濟學家弗里德曼指出，通貨膨脹無論在何時何地總是一種貨幣現象，因此，弗里德曼認爲抑制通貨膨脹的唯

一方法是「關閉貨幣水龍頭」。

對長期物價水平和通貨膨脹與貨幣數量之間關係的研究顯示，治理通貨膨脹的有效方法是控制貨幣量。在二十世紀七〇年代，英國和美國都發生了高達10％以上的通貨膨脹，正因為貨幣當局採取了嚴格的控制貨幣量的政策，才在二十世紀八〇年代初迅速有效地實現了物價穩定。同樣，發生超速通貨膨脹的國家也是用嚴格控制財政支出和貨幣數量的方法而制止了這種通貨膨脹，這正是貨幣數量論的政策含義。

長期中的宏觀經濟是重要的，但正如凱因斯所說的，就「長期」而言，我們終究會死，因此，宏觀經濟研究的重點在於短期經濟狀況上。這就是我們以後幾章的主要內容。

11. 總需求—總供給模型

親愛的布魯斯特:

錯處不在於我們的生辰八字——而在於我們自己。

——威廉·莎士比亞

　　威廉·莎士比亞 (William Shakespeare, 1564-1616)，英國最偉
大的劇作家。莎氏無人不知，他的劇中人的許多話常被經濟學家引
用。馬克思在《資本論》中曾引用《雅典的泰門》中泰門一段關於
黃金的獨白論述貨幣問題。我們引用的這段話出自《尤利烏斯·凱
撒》一劇，以說明經濟週期之類問題的產生源於我們自己。

在短期內，經濟有時高漲，有時衰退，有時有通貨膨脹，有時有失業。經濟中產生這些問題的原因也不在於「生辰八字」，而在於「我們自己」。這就是說，要從經濟體系內來尋找這些問題的原因和對策。研究短期內宏觀經濟時，正是要對經濟週期、失業和通貨膨脹做出解釋。

如前所述，決定宏觀經濟狀況的主要因素是國內生產總值和物價水平。要分析宏觀經濟中的各種問題，說明整體經濟運行的規律，就要說明國內生產總值和物價水平的決定。經濟學家用總需求—總供給模型來說明國內生產總值和物價水平的決定，因此，這一模型就是分析短期宏觀經濟狀況與問題的基本工具。我們對短期內宏觀經濟的分析也從介紹這一模型開始。

11.1 物價水平與總需求量

總需求是在每種物價水平時，經濟中對物品與勞務的總需求量。總需求受許多因素的影響，在這裡，我們重點分析總需求與物價水平之間的關係。總需求曲線就是表示物價水平與總需求量之間關係的一條曲線。

如果我們假設其他因素不變，總需求曲線就是表示物價水平與總需求量之間是一種反方向變動的關係。這就是說，當物價水平上升時，總需求量減少；當物價水平下降時，總需求量增加。研究總需求曲線，首先要說明物價水平與總需求量之間存在這種關係的原因。

經濟中的總需求包括家庭消費的需求（消費）、企業的投資需求（投資）、政府的需求（政府購買），以及國外的需求（出

口，一般用淨出口，即出口減去進口來表示）。政府的需求是由政府的政策決定的，與物價水平無關。消費、投資和淨出口都與物價水平相關。

　　經濟學家用財產效應來解釋消費與物價水平之間的關係。財產效應是由英國經濟學家庇古提出的，又稱庇古財產效應，它說明物價水平如何透過對財產的影響來影響消費。人們持有的財產可以分為名義財產與實際財產。名義財產是用貨幣數量表示的財產，實際財產是用貨幣的購買力表示的財產。這兩種財產與物價水平相關，用一個公式來表示就是：實際財產＝名義財產／物價水平。假設名義財產為150億，當物價水平為100時，實際財產也為150億。如果物價水平為150，則實際財產僅為100億。這表示在名義財產既定時，物價水平越低，實際財產越多；物價水平越高，實際財產越少。實際財產決定人們的消費支出，實際財產越多，人們的消費支出越多；實際財產越少，人們的消費支出越少。這樣，財產效應就是，在名義財產既定時，物價水平下降，實際財產增加，消費者信心提高，消費增加。物價水平與消費支出反方向變動。

　　投資支出與物價水平之間的關係可以用利率效應來解釋。利率效應是凱因斯提出的，又稱凱因斯利率效應，它說明物價水平如何透過對利率的影響來影響投資。貨幣分為名義貨幣與實際貨幣，名義貨幣用貨幣單位表示；實際貨幣用貨幣的購買力表示，這兩種貨幣與物價水平相關，用一個公式來表示就是：實際貨幣＝名義貨幣／物價水平。例如：如果名義貨幣量為150億元，當物價水平為100時，實際貨幣也是150億。如果物價水平為150，則實際貨幣僅為100億元。這表示，在名義貨幣既定時，物價水平越低，實際貨幣越多；物價水平越高，實

際貨幣越少。經濟中的利率是由貨幣需求和貨幣供給決定的，當貨幣需求等於貨幣供給時，就決定了市場均衡利率。貨幣需求和貨幣供給的變動都會影響利率。當貨幣需求不變時，貨幣供給增加，利率下降；貨幣供給減少，利率上升。利率影響投資，這是因為投資的目的是為了實現純利潤最大化，純利潤是總利潤減去成本，投資的成本是利息。在總利潤為既定時，利率上升，利息增加，純利潤減少，投資減少；利率下降，利息減少，純利潤增加，投資增加。這樣，利率效應就是在名義貨幣既定時，物價水平下降，實際貨幣增加，即貨幣供給增加，利率下降，投資增加。物價水平與投資之間反方向變動。

可以用匯率效應解釋淨出口與物價水平之間的關係。匯率效應是美國經濟學家弗萊明和芒德爾提出的，又稱弗萊明－芒德爾匯率效應。它說明物價水平如何透過對匯率的影響來影響進出口。利率變動不僅影響投資，在開放經濟中還會影響匯率。在外匯市場上，匯率由外匯市場上本國貨幣的供求決定，外匯市場供求均衡時決定了均衡匯率。當利率下降時，資本流出，外匯市場上對本國貨幣的需求減少，本國貨幣貶值，這就是匯率下降；反之，當利率上升時，資本流入，外匯市場上對本國貨幣的需求增加，本國貨幣升值，匯率上升。匯率的變動影響進出口。當匯率下降時，出口增加，進口減少；匯率上升時，出口減少，進口增加。這樣，匯率效應就是在名義貨幣既定時，物價水平下降，實際貨幣增加，即貨幣供給增加，利率下降，匯率下降，出口增加，進口減少，淨出口增加。物價水平與淨出口之間反方向變動。

這樣，物價水平下降，消費增加，投資增加，淨出口增加，從而總需求量增加。物價水平與總需求量呈反方向變動。

11.2 黏性價格、黏性工資和錯覺理論

　　總供給是在每種物價水平時，經濟中物品與勞務的總供給量。總供給受許多因素的影響，在這裡，我們重點分析總供給與物價水平之間的關係。但與總需求曲線不同的是，我們要區分長期總供給曲線和短期總供給曲線，這兩種曲線所表示的總供給與物價水平的關係不同。因為正如上一章所說明的，在長期與短期中，貨幣因素對實際變數（這裡就是總供給量）的影響不同。

　　長期總供給曲線是一條垂線，表示在長期中，物價水平與總供給無關。這是因為總供給是一個經濟的總產量，在長期中決定一個經濟總產量的是制度、資源和技術，這些因素都與貨幣量的大小、物價水平的高低無關。物價水平的變動並不影響總供給，在制度為既定時，資源和技術決定總供給曲線的位置，這時的總供給就是潛在GDP。當資源增加或技術進步時，潛在GDP，即總供給增加，總供給曲線向右移動。如果自然災害和戰爭引起資源減少，潛在GDP，即總供給也會減少，總供給曲線向左移動。

　　短期總供給不同於長期總供給。因為貨幣在短期中影響實際變數，從而物價水平的變動也會影響總供給。短期總供給曲線表示在短期中，物價水平與總供給量同方向變動，即物價水平上升，短期總供給上升，物價水平下降，短期總供給減少。經濟學家用黏性工資、黏性價格和錯覺理論來解釋短期中物價水平與總供給的這種關係。

　　黏性工資是由凱因斯主義者提出的，指工資的變動慢於勞動供求的變動。引起黏性工資的原因很多，其中一個較爲重要的是工資合約理論，這種理論認爲，由於勞動的供求雙方都有一定的壟斷勢力，工資是由工人和企業之間的勞動協議決定的。工人和企業簽訂的工資合約決定了工人的名義工資水平（例如每小時 10 元），而且，雙方都同意在合約期內，工資水平是固定的，不隨市場勞動供求關係的變動而變動。工人和企業都同意接受這種在一定時期內固定名義工資的做法，是因爲這樣做對雙方都有利。工人希望自己的工資和收入水平穩定，不希望在勞動供大於求時工資水平下降，爲此他們就不得不放棄在勞動供小於求時提高工資的機會。企業希望自己的生產成本穩定，而工資是成本的主要部分。如果勞動市場供小於求時，工資上升，就會增加生產成本，爲此他們就不得不放棄在勞動供大於求時降低工資的機會。這樣，合約中規定的工資在合約期內並不隨勞動供求變動而變動，只有在合約期滿簽定新合約時，新合約中的工資水平才會反映當時勞動市場供求的狀況。但在新合約期中，工資水平又不隨勞動供求而變動，這就形成工資變動慢於勞動供求變動的工資黏性。

　　我們分析工資時，不僅關注用貨幣量表示的名義工資，而且還應該關注用貨幣實際購買力表示的實際工資，實際工資＝名義工資／物價水平。當存在工資黏性，名義工資不變時，如果物價水平上升，實際工資就減少了。物價水平上升，企業出賣產品和勞務所得到的收入增加了。但在增加的收入中，工資支出並沒有增加，這樣，實際工資減少就相當於實際利潤增加，實際利潤增加刺激了企業增加生產。如果每個企業都增加生產，整個經濟的總供給就增加了。物價水平與總供給同方向

變動。

　　黏性價格是新凱因斯主義者提出來的，指價格的變動慢於物品市場供求和物價水平的變動。引起黏性價格的原因很多，其中具代表性的是菜單成本理論。菜單成本指餐館在更改飯菜的價格時，印刷新菜單所需的費用。菜單成本理論說明了就如同餐館一樣，所有企業在改變自己的價格時都要付出費用，都有類似於菜單成本的成本。因此，企業並不隨物品市場供求關係和物價水平的變動而隨時調整自己的價格，一般企業通常是在一至二年間調整一次自己的產品價格。這樣，價格的變動就慢於物品市場供求關係和物價水平的變動，形成黏性價格。當物價水平上升時，企業並不及時調整自己產品的價格，因此，相對價格下降，產品的銷售增加，企業增加生產。如果每個企業都增加生產，整個經濟的總供給就增加了。物價水平與總供給同方向變動。

　　錯覺理論是理性預期學派提出的。錯覺是指人們在觀察物價水平變動時所發生的錯誤感覺。這就是說，在整個物價水平上升時，一個企業的產品價格也上升。實際上，企業產品的價格與物價水平同比例變動，相對價格水平並未變。但企業在觀察物價水平變動時往往會發生一種錯覺，對整個物價水平的上升不敏感，而對自己產品價格的上升極為敏感，誤以為自己物品的價格上升了，這種錯覺就使企業增加生產。如果每個企業都產生這樣的錯覺，並增加自己的生產，整個經濟的總供給就增加了。物價水平與總供給同方向變動。

　　黏性工資、黏性價格和錯覺都是短期中會出現的現象，這就解釋了物價水平與總供給在短期內同方向變動的原因。在長期中，工資由勞動供求決定，不存在黏性；物價由物品市場的

供求關係決定,各個企業都會調整自己產品的價格,也不存在黏性;企業也不會發生錯覺,各個企業產品的價格與物價水平是一致的;因此,長期中,物價水平的變動並不影響總供給。

還應該指出的是,在短期中,總供給的增加是有限的,並不能隨物價水平的上升而無限地增加。這是因為,一個經濟的資源是有限的。在經濟高漲時期,經濟會出現超充分就業,即實際GDP大於潛在GDP,這是資源的超充分利用引起的(勞動力加班工作,設備的過分利用),但這種超充分利用也有一個極限(起碼人的工作時間不會達到24小時)。當經濟達到這個極限時,無論物價水平如何上升,總供給都不會增加了。

11.3 宏觀經濟的理想狀態

總需求—總供給模型就是從總需求和總供給這兩個方面來說明國內生產總值(GDP)和物價水平的決定。

當總需求和短期總供給相等,即總需求曲線和總供給曲線相交於一點時,就決定了經濟中均衡的GDP和物價水平。這裡要注意的是,均衡的GDP並不一定等於潛在的GDP,即經濟均衡時,並不一定實現了充分就業。均衡的GDP與潛在GDP之間的關係要由長期總供給決定。

當經濟處於均衡(總需求=短期總供給)時,均衡的GDP與潛在的GDP可能會出現三種情況,這三種情況中會出現哪一種情況則取決於均衡的GDP與潛在GDP之間的關係。

如果總需求和短期總供給相等時,正好也與長期總供給相等(即總需求曲線、短期總供給曲線和長期總供給曲線相交於

一點），這時，潛在GDP等於均衡的GDP，經濟處於充分就業均衡，即正好實現了充分就業。經濟中既無失業，又無通貨膨脹，是宏觀經濟的一種理想狀態。

如果總需求和短期總供給相等時，與長期總供給並不相等（即長期總供給曲線並不透過總需求曲線與短期總供給曲線的交點）。這時，潛在GDP並不等於均衡GDP，會出現兩種情況。如果長期總供給曲線在總需求曲線與短期總供給曲線相交之點的右邊，即均衡的GDP小於潛在GDP，這時經濟沒有實現充分就業，處於衰退狀態，存在失業，稱為小於充分就業均衡。如果長期總供給曲線在總需求曲線與短期總供給曲線相交之點的左邊，即均衡的GDP大於潛在GDP，這時經濟大於充分就業，處於高漲狀態，存在通貨膨脹，稱為大於充分就業均衡。在這兩種狀態時，宏觀經濟狀況都不能令人滿意。宏觀經濟學正是要用總需求—總供給模型分析經濟為什麼處於小於或大於充分就業均衡，以及如何才能使經濟實現充分就業均衡這種理想狀況。

總需求—總供給模型說明了短期經濟中的GDP和物價水平是由總需求和短期總供給決定，因此，總需求和短期總供給任何一方的變動或兩方的變動都會影響GDP和物價水平。如果短期總供給不變而總需求變動，則會引起GDP和物價水平同方向變動。這就是說，總需求增加（例如政府購買增加），總需求曲線向右方移動，GDP增加，物價水平上升；反之，總需求減少（例如政府購買減少），總需求曲線向左方移動，GDP減少，物價水平下降。如果總需求不變而短期總供給變動，則GDP同方向變動而物價水平反方向變動。總供給主要受生產成本影響。生產成本增加，在同樣價格時總供給減少，用短期總供給曲線

向上移動來表示；生產成本減少，在同樣價格時總供給增加，用短期總供給曲線向下移動來表示。當總供給減少（例如由於工資增加）時，GDP減少，物價水平上升；當總供給增加（例如由於原材料降價）時，GDP增加，物價水平下降。如果總需求與短期總供給同時變動，則GDP和物價水平的變動是以上兩種變動綜合的結果。

經濟學家提出總需求一總供給模型的目的是爲了分析宏觀經濟狀況的決定與變動，它僅僅是一種分析工具。經濟中各種因素的變動，不是影響總需求，就是影響總供給，或者兩者都影響。這樣，我們就可以透過各種因素對總需求和總供給的影響來說明它們對GDP和物價水平的影響。當我們以前介紹這個模型時，讀者也許會感到有點抽象，但我們可以用兩個現實例子來說明如何運用總需求一總供給模型來分析宏觀經濟問題。

例一：人民幣不貶值對中國大陸宏觀經濟的影響。在1997年發生的東南亞金融危機中，中國大陸堅持人民幣不貶值，這樣做有利於金融穩定，堅定國內外投資者的信心，但也有一些副作用。爲了說明人民幣不貶值對宏觀經濟，即GDP和物價水平的影響，我們可以運用總需求一總供給模型。首先我們確定，人民幣不貶值主要影響總需求，因爲它影響出口。其次我們分析人民幣不貶值對出口有什麼影響。中國大陸的出口結構和出口對象與東南亞國家相同（都以服裝等輕工產品爲主向歐美出口），當東南亞國家匯率貶值，而中國大陸匯率不貶值時，相對於東南亞國家而言，人民幣就升值了。這樣，同樣的物品在國外市場（例如美國市場上）上，用外幣（如美元）表示的中國大陸物品的相對價格上升，而東南亞國家物品的相對價格下降，中國大陸的物品競爭能力削弱，出口減少。出口減少引

起總需求減少，總需求減少引起GDP減少，物價水平下降，這就是之後出現的經濟增長率放慢和物價總水平下降。可見我們用總需求－總供給模型所進行的分析與現實是一致的。

例二：二十世紀七〇年代美國的石油危機與滯脹。二十世紀七〇年代初石油輸出國組織大幅度提高石油價格。石油是美國重要的原料，石油價格上升引起生產成本增加，從而影響總供給，從以前的分析可知，生產成本增加引起短期總供給減少，即總供給曲線向上移動。在總需求未發生變動時，總供給減少，引起GDP減少，物價水平上升。GDP減少就是衰退，物價水平上升就是通貨膨脹。這就是美國二十世紀七〇年代出現的經濟停滯與通貨膨脹並存的滯脹現象。這種現象也可以用總需求－總供給模型來解釋。

總需求－總供給模型是經濟學家用來分析宏觀經濟的基本工具，所以，也是宏觀經濟學的中心。整個宏觀經濟學實際上都是圍繞這一模型展開的。儘管不同流派的經濟學家對同樣宏觀經濟現象的見解和解釋不同，但都運用這一模型說明自己的觀點。掌握了這個模型，對我們瞭解整個宏觀經濟學都是至關重要的。

12. 總需求與宏觀經濟

　　由於被某些人稱之爲儲蓄的這種侈談節約的行爲是私人增加財富的最肯定的方法，所以有些人就設想，不論一國生產能力是小還是大，如果普遍使用（這些人認爲是現實可行的）這種節約方法，那麼，整個國家會得到相同的增加財富的結果。也就是說，如果英國人像其鄰國的人那樣節約，那麼，他們就可以比現在遠爲富有。我認爲這一點是錯誤的。

　　　　　　　　　　　　——伯納德·曼德維爾

　　伯納德·曼德維爾（Bernard de Mandeville, 1670-1733），本來是荷蘭一個不出名的醫生，後來定居英國而成名。他之所以被經濟學家所重視，是因爲在1714年出版的《蜜蜂的寓言》。這本書的副標題爲「私人的罪過，公眾的利益」，意思是，浪費是「私人的罪過」，但可以刺激經濟，成爲「公眾的利益」。這種思想啓發凱因斯建立了以總需求分析爲中心的宏觀經濟學。我們所引用的正是《蜜蜂的寓言》中的一段話，這段話也被凱因斯在《通論》中所引用。

　　十八世紀初，一個名叫伯納德·曼德維爾的英國醫生寫了一首題為《蜜蜂的預言》的諷喻詩，認為節約無助於整個經濟發展，奢侈的消費才是致富之道。這部作品在當時被法庭判為「有礙公眾視聽的敗類作品」，但兩百多年後，英國經濟學家凱因斯從中受到啟發，建立了以總需求分析為中心的現代宏觀經濟學。

　　在凱因斯之前，經濟學家信奉的是「供給創造需求」的薩伊定理。這就是說，無論長期還是短期，決定經濟狀況的是總供給，只要有供給就有需求，透過價格調節，供求總處於平衡狀態，經濟終能保持充分就業。但三〇年代大危機的嚴酷現實打破了這一神話，凱因斯否定了薩伊定理，用總需求來解釋短期經濟問題。經濟學中發生了以需求分析為中心的凱因斯革命，所以，分析短期宏觀經濟問題的中心是總需求分析。

　　總需求包括消費、投資、政府購買和淨出口（出口減進口）。政府購買由政府政策決定，我們將在分析財政政策時說明；淨出口在開放經濟中決定，我們將在國際經濟學這一部分說明。這裡重點分析消費與投資及其對經濟的影響。

12.1 生命週期假說和持久收入假說

　　消費是總需求中最重要的部分，在發達國家約占總需求中的三分之二左右。消費包括家庭的非耐用品（衣服、食物等）、耐用品（彩電、汽車等）和勞務（旅遊、理髮等）的消費支出。消費由多種因素決定，但其中最重要的是收入，消費函數是指消費支出與收入之間的依存關係。

　　在分析消費函數時，我們可以把消費分為兩部分：自發消費與引致消費。自發消費指不取決於收入的消費，這部分消費取決於人生存的基本需要，即使沒有收入也必須有這部分消費，否則人就無法生存。在一般經濟中這一部分並不大，我們把它作為既定的。在消費函數中，我們重點是研究引致消費，引致消費是取決於收入的消費，隨收入的變動而同方向變動。以後我們所說的消費都是指引致消費。

　　為了說明消費與收入之間的關係，我們要瞭解兩個概念：平均消費傾向與邊際消費傾向。平均消費傾向是消費（C）在收入（Y）中所占的比例，如果以 APC 代表平均消費傾向，就有 APC ＝ C ／ Y。例如：收入為 1000 億元，消費支出為 600 億元，平均消費傾向 APC 為 600 億／ 1000 億，即 0.6。邊際消費傾向是增加的消費（△C）在增加的收入（△Y）中所占的比例，如果以 MPC 代表邊際消費傾向，就有 MPC ＝△C ／△Y。例如，如果收入由 1000 億元增加到 1200 億元，增加的收入（△Y）為 200 億元，消費支出從 600 億元增加到 700 億元，增加的消費（△C）為 100 億元，邊際消費傾向 MPC 為 100 億／ 200 億，即 0.5。

　　與平均消費傾向和邊際消費傾向相關的是平均儲蓄傾向（APS）和邊際儲蓄傾向（MPS）。收入分為消費和儲蓄兩個部分，收入減去消費就是儲蓄，因此，儲蓄在收入中所占的比例，即平均儲蓄傾向與平均消費傾向之和為 1，平均儲蓄傾向是 1 減平均消費傾向。在上例中，平均消費傾向為 0.6，平均儲蓄傾向就是 0.4。同樣可知，增加的收入分為增加的消費和增加的儲蓄兩個部分。增加的收入中減去增加的消費就是增加的儲蓄，因此，增加的儲蓄在增加的收入中所占的比例，即邊際儲

蓄傾向與邊際消費傾向之和爲1，邊際儲蓄傾向是1減邊際消費傾向。在上例中，邊際消費傾向爲0.5，邊際儲蓄傾向也是0.5。

凱因斯認爲決定消費的是現期絕對收入水平，他推斷隨著收入增加，消費支出也會增加，但消費增加的比例小於收入增加的比例，這就是他著名的三大心理規律之一：邊際消費傾向遞減規律。但戰後，美國經濟學家庫茲涅茨等人研究了長期消費資料發現，並不存在邊際消費傾向遞減現象。在長期中，平均消費傾向與邊際消費傾向是相同的、穩定的。這就是說消費函數是一個穩定的函數，例如美國的邊際消費傾向和平均消費傾向長期以來穩定在0.676左右。許多經濟學家提出了解釋消費函數穩定性的理論，這就是消費函數理論。

經濟學家認爲，凱因斯把收入與消費聯繫起來提出了消費函數理論是正確的，但他把收入解釋爲現期絕對收入水平，得出了邊際消費傾向遞減的結論是錯誤的。現代經濟學家認爲，決定消費的並不是現期絕對收入水平。他們用不同的收入概念解釋了消費函數的穩定性。在各種消費函數理論中最有影響力的是生命週期假說和持久收入假說。

生命週期假說是由美國經濟學家莫迪利阿尼等人提出的。這種理論認爲，消費並不取決於現期絕對收入水平，而取決於人一生所得到的收入。這就是說，人是有理性的，他們要實現一生的效用最大化。這就要根據一生所得到的收入來安排一生的消費，實現一生中每年的消費基本上相等，從而一生消費帶來的總效用最大化。人們在一生中消費與收入的關係取決於生命的不同階段。在工作時期，消費小於收入，有儲蓄；在退休之後，消費大於收入，有負儲蓄，即使用工作時期的儲蓄。從

每個人來看，一生的消費與一生的收入相等。從整個社會來看，只要人口結構沒有重大變動，消費支出與收入之間的函數關係就是穩定的。這就是平均消費傾向與邊際消費傾向相等，是一個穩定的值。

持久收入假說是由美國經濟學家弗里德曼提出來的，這種理論把人的收入分為持久收入和暫時收入。持久收入是長期的、有規律的固定收入，一般指能穩定在三年以上的收入，例如正常的工資收入。暫時收入指一時的、非連續性的偶然收入，例如得到的遺產收入。持久收入可以用過去與未來預期的收入進行計算，是過去與未來預期收入的加權平均數，時期越近，加權數越大。人是理性的，要從長期的角度來安排自己的消費，因此，決定人們消費的，並不是現期絕對收入水平，而是持久收入。持久收入是穩定的，消費也是穩定的。暫時收入並不會引起消費變動，因此，消費是持久收入中一個穩定的比例。長期中，平均消費傾向和邊際消費傾向是一個穩定的值。

消費函數的穩定性在統計資料驗證和理論上都是成立的，這對宏觀經濟研究有重要含義。在短期中，總需求決定宏觀經濟狀況，總需求中消費占的比例最大。如果消費是穩定的，這對經濟的穩定就是重要的，因此，消費是總需求中最穩定的一部分，也就是宏觀經濟穩定的重要因素。在經濟週期中，經濟儘管有衰退，但這種衰退會由於消費的穩定性而減緩。當然，消費函數的穩定性也顯示，要透過刺激消費來增加總需求，促成經濟繁榮，絕非易事。一個經濟邊際消費傾向的大小取決於長期經濟狀況和一些制度因素（如社會保障與福利制度的完善程度），在短期中難以改變，所以，刺激經濟的經濟政策的重點並不在於刺激消費。

12.2 「加速原理」與「本能衝動」

　　投資也是總需求中一個重要的組成部分，儘管投資在總需求中占的比例沒有消費那麼大（通常在15％左右），但決定投資的因素很多，而且，投資的波動相當大。引起經濟中波動的關鍵因素是投資的波動，因此，投資理論在宏觀經濟學中是相當重要的，而且至今也不能令人完全滿意。

　　投資包括企業固定投資（企業購買廠房、設備等的支出）、居民住房投資（這裡要注意的是，人們通常把購買住房作爲消費支出，但經濟學家強調，居民購買住房不是一種消費行爲而是一種投資行爲，因此，這一部分支出歸入投資之中）和存貨投資（未售出的製成品，作爲下一階段生產投入的半成品和原料等）。從整個經濟來看，決定投資的因素很多，例如人們對未來的預期、政府的政策等等。這裡我們重點分析決定投資的兩個因素：利率與實際GDP水平。

　　投資函數指投資量與利率之間的函數關係。在影響投資的各種因素中，利率是一個極其重要的因素。因爲投資的目的是爲了獲得利潤，或者準確地說是扣除各種投資成本之後的純利潤。利息是主要的投資成本，因爲一般投資都是靠貸款進行，貸款要支付利息（即使是自有資金不支付利息，也仍然有放棄的利息的機會成本），而利率的大小決定了投資成本，從而也就決定了一筆投資所得到的純利潤。利率越高，投資貸款所支付的利息就越多，投資的純利潤就越少。例如爲投資借了爲期25年的貸款500萬元，當利率爲5％時，每月償還本息292元；當

利率爲10％時，每月償還本息454元；當利率爲15％時，每月償還本息640元。這就是說，當利率上升一倍時，每月償還的本息也幾乎上升了一倍。這就說明投資對利率的變動反應是相當敏感的。投資函數說明了投資支出與利率之間的這種反方向變動關係，即在其他條件不變的情況下，利率越低，投資支出越多；反之，利率越高，投資支出越少。利率變動會引起投資多大變動，可以用投資的利率彈性（即投資變動對利率變動的反應程度，可以用投資支出量變動百分比除以利率變動百分比來計算）來表示。投資的利率彈性越大，則一定百分比利率變動引起的投資支出變動越大；投資的利率彈性越小，則一定百分比利率變動引起的投資支出變動越小。

決定投資支出的另一個重要因素是實際GDP。因爲實際GDP越高，所需要的投資越多；反之，實際GDP越低，所需要的投資越少。這兩者之間的關係可以用加速原理來說明。

加速原理分別由法國經濟學家阿夫塔里昂和美國經濟學家克拉克提出。這一原理說明了投資與實際GDP之間的依存關係，強調了投資變動率取決於實際GDP變動率。增加的投資與增加的實際GDP之間的比例稱爲加速數。因爲現代生產的特點是迂迴生產，即爲了生產出一定產量，首先要大量投資廠房與設備等資本品，在經濟中，投資的變動率大於實際GDP的變動率，所以，加速數大於一。這就是說，當實際GDP開始增加時，投資增長率大於實際GDP增長率，但當實際GDP減少時，投資減少率也大於實際GDP的減少率。加速的含義就是投資變動大於實際GDP變動。由此可以推導出，要使投資率保持不變，實際GDP必然保持一定的增長率。儘管加速原理的前提是技術不變，即沒有考慮技術進步因素，但在實現了充分就業，

即資本設備得到充分利用的條件下,加速原理在現實中是發生作用的,這一點對解釋許多宏觀經濟現象是極爲重要的。

投資是現期支出而在未來得到收益。未來會有許多不確定因素,存在著風險,因此,投資者對未來的預期對投資也有重要影響。凱因斯用「本能衝動」(或譯爲「動物本能」)來解釋投資者對未來預期所引起的情緒變化對投資的重要性。但投資者的信心與情緒難以定量分析,因此,在本書中分析投資及其對宏觀經濟的影響時,重點放在利率與投資的關係,以及實際GDP與投資的關係上。

12.3 某商店的玻璃被小流氓打破

在短期內,當我們不考慮總供給(或假定總供給爲既定)時,實際GDP水平就由總需求決定。這就是說,總需求水平大小決定了實際GDP大小;總需求增加,實際GDP增加;總需求減少,實際GDP減少。這就是凱因斯主義的總需求決定原理。

但重要的是總需求的變動與所引起的實際GDP的變動是不是相同?或者說,總需求增加100億元是不是實際GDP也正好增加100億元?經濟學家用乘數原理說明總需求變動與實際GDP變動之間的關係,而且,強調了乘數一定大於1,所以,乘數原理在凱因斯主義的總需求決定原理中,具有十分重要的地位。

乘數是總需求增加所引起的實際GDP增加的倍數。如果以 $\triangle$ AD代表總需求增加量,用$\triangle$ Y代表實際GDP增加量,則乘數K＝$\triangle$ Y／$\triangle$ AD。假設總需求增加了100億元($\triangle$ AD＝100

億元），實際GDP增加了300億元（△Y＝300億元），則乘數為3（K＝300億元／100億元＝3）。總需求由不同部分組成，乘數因此也就為不同乘數，例如總需求中的投資增加，則為投資乘數，如果是總需求中政府支出的增加，則為政府支出乘數等等。

　　但是，重要的是，為什麼總需求變動所引起的實際GDP的變動大於原來總需求的變動？或者說為什麼乘數一定大於1？

　　乘數必定大於1是因為國民經濟各部門之間是相互聯繫的。一個部門需求的增加，即該部門支出增加，必定會引起其他部門收入的增加，這種收入增加又會引起這些部門需求（及支出）的增加。一部門需求（及支出）增加引起的其他部門收入與支出增加，在國民經濟各部門中引起一種連鎖反應，最後使整個經濟總收入的增加大於原來總需求的增加。這就是一個部門需求增加的乘數效應。

　　我們可以用一個具體例子來說明乘數效應。假設某商店的玻璃被一個小流氓打破，商店更換玻璃用了1000元，這1000元屬於投資，是總需求的增加。再假設得到收入的部門把其中的80％用於支出（即邊際消費傾向為0.8）。商店投資增加1000元用於更換玻璃（投資需求增加1000元）。玻璃店得到1000元收入（GDP增加1000元），把其中的80％，即800元用於購買食物（消費需求增加800元），食品店得到800元收入（GDP又增加800元）。食品店又把其中的80％，即640元用於購買衣服（消費需求增加640元），衣服店得到640元收入（GDP又增加640元）。衣服店把其中的80％，即512元用於購買鮮花（裝飾店面用，投資需求增加512元），鮮花店得到512元收入（GDP再增加512元）。鮮花店還要再把其中的80％用於支出……。

這樣下去，商店最初的1000元投資，會引起許多部門收入與支出增加，最後各部門增加的收入之和（GDP的增加）一定大於最初增加的1000元投資。最後增加的收入之和（1000元＋800元＋640元＋512元＋……）與最初增加的投資1000元之比就是乘數。

在上面的例子中，乘數有多大呢？細心的讀者一定會注意到，這1000元投資能引起的收入增加的大小，取決於得到收入的部門，把多少收入用於再引起下一輪收入增加的支出，即邊際消費傾向的大小。經濟學家推導出乘數的公式是：乘數＝1／1－邊際消費傾向。在上例中，邊際消費傾向是0.8。所以乘數為1／1－0.8，即5。當乘數為5時，最初增加的1000元投資最終會使收入（即GDP）增加5000元。由此可以得出：邊際消費傾向越大，乘數越大，既定總需求增加引起的實際GDP增加也越大；反之，邊際消費傾向越小，乘數越小，既定總需求增加引起的實際GDP增加越小。但邊際消費傾向一定大於零而小於1，所以，乘數一定是一個大於1的正數，即總需求增加引起的實際GDP增加一定大於最初總需求的增加。

乘數效應在現實中是客觀存在的，其作用不可忽視。假設政府要透過增加支出來刺激經濟增加GDP，目標是增加5000億GDP，那麼，政府的支出應該增加多少呢？如果不考慮乘數效應，政府要增加5000億支出。但由於乘數效應的存在，政府支出並不用增加這麼多。如果按上面的例子，乘數為5，政府支出只要增加1000億就可以。如果真的不考慮乘數效應，增加了5000億政府支出，那麼GDP會增加至25000億元，就會引起通貨膨脹了。

當然，與一切其他經濟規律一樣，乘數發生作用也是要具

備一定條件的，這個條件就是經濟中要有閒置的資源，即沒有實現充分就業。在這種條件下，總需求的增加才能透過乘數效應帶動整個經濟發展。如果經濟已經實現了充分就業（甚至達到了極限），那麼，乘數就無法發揮作用。此外還應該注意的是，乘數效應是一把「雙刃劍」，即總需求增加時，乘數效應有成倍增加實際GDP的作用。但在總需求減少時，乘數效應也有成倍地減少實際GDP的作用。換言之，乘數效應是一個放大器，總需求變動的影響都被它放大了——無論是好的影響還是不好的影響。

12.4 蜜蜂的寓言

本章的開頭引用了曼德維爾《蜜蜂的寓言》中的一段話。這首寓言講的是一個蜜蜂群的興衰史。最初，這群蜜蜂追求豪華的生活，大肆揮霍浪費，結果整個蜂群百興昌盛、興旺發達。後來它們改變了這種習慣，放棄了奢侈的生活，崇尚節儉，結果整個社會凋蔽，最後被敵手打敗而逃散。這首詩宣揚了「浪費有功」的思想，與十八世紀英國崇尚節約的傳統不同。但凱因斯從中看出了刺激消費和增加總需求對經濟走出蕭條的作用，並受此啟發建立了以總需求分析為中心的宏觀經濟理論。

從總需求分析中得出的結論其實與《蜜蜂的寓言》一樣，消費是總需求的一個重要組成部分，增加消費可以刺激經濟。消費的增加是儲蓄的減少。傳統的觀念認為節儉是美德，但這種個人的美德引起了儲蓄增加，卻因消費減少使經濟衰退。增

加消費有悖節儉的美德，是個人的惡德，但卻有利於整體經濟繁榮。這就是節約的悖論。我們應該如何認識這種節約的悖論呢？

任何經濟理論都是以一定的條件為前提的，離開了具體的條件很難判斷一種理論正確還是錯誤，節約的悖論是否正確就要放到具體的條件之下去考察。凱因斯的總需求分析是一種短期分析，針對的是二十世紀初英國經濟的停滯和二十世紀三〇年代世界性的大蕭條。在這時資源嚴重被浪費，制約實際GDP增長的不是總供給能力，而是總需求嚴重不足，產品過剩。只要增加總需求就可以使閒置資源得到利用，促使經濟繁榮。在這種情況下，節約的悖論實際是正確的，即個人增加消費、減少儲蓄可以使整個經濟獲益。但從長期來看，一個經濟的繁榮還取決於總供給能力，因而增加儲蓄、增加資本積累，還是非常重要的，僅僅倡導消費不足以使經濟長期繁榮。

過去我國的傳統美德也是節儉，但近年來增長放慢使許多人認識到消費的重要性，政府也在努力尋找新的消費熱點，並用降息、增加收入，甚至放長假等方法來刺激消費。這說明，看似荒謬的《蜜蜂的寓言》對我們也有現實啓發意義，所以，我們對總需求的重要性也就更容易理解了。當然總需求不僅包括消費，還有投資、政府支出和出口，所以刺激總需求也不僅僅刺激消費，還要刺激投資、增加政府支出和出口。從長期來看，我們還要注意制度變革、資源（包括資本）增加和技術進步，這才是長期繁榮之路。

貨幣與經濟

　　唯一比愛情更能使人瘋狂的事情,是貨幣問題。

　　　　　　　　　　　——班傑明‧狄斯賴利

　　班傑明·狄斯賴利（Benjamin Disraeli, 1804-1881），英國政治
家，曾兩次出任英國財政部長和首相。他在政治上屬於托利黨人，
對工業發展持批評態度，也反對自由貿易政策，但也為維護歐洲和
平作出過貢獻。他並沒有系統的經濟理論，但對貨幣的這段話頗為
深刻。

現代市場經濟的本質是貨幣經濟，沒有貨幣一天也存在不下去，貨幣出了問題會波及整個經濟，因此，在美國掌管貨幣市場的美聯儲主席亞倫・葛林斯班被稱爲僅次於總統的第二號人物，僅就經濟而言，葛林斯班的作用比總統還大。我們已經說明了在長期中貨幣僅僅決定物價水平，影響名義變數，但在短期中，貨幣既影響名義變數（物價水平）又影響實際變數（實際GDP）等。本章分析短期中貨幣與經濟之間的關係。

13.1 萬寶路香菸是不是貨幣

如果我問什麼是貨幣，也許你會認爲這太簡單了。

貨幣不就是錢嗎？天天見，天天用，誰還不知道？但如果我問萬寶路香菸是不是貨幣，妳經常用來購物的信用卡是不是貨幣，也許就沒有人認爲簡單了。其實這兩種問法要說的是同一個問題：經濟學中貨幣的嚴格定義是什麼。

在經濟學家看來，貨幣是經濟活動中，人們經常用於購買他人物品與勞務的一組資產，或者也可以說，貨幣是人們普遍接受的交換媒介。這就是說，凡是能用來購買物品與勞務的東西都是貨幣。

要瞭解貨幣的這種本質，就必須瞭解貨幣的職能，因爲貨幣的職能體現了它的本質。貨幣的基本職能是：交換媒介、計價單位和價值儲藏。交換媒介是當買者在購買物品或勞務時給予賣者的東西，或者說，交換媒介是買者和賣者進行交易時的仲介。貨幣作爲交換媒介便利了交易，降低了交易費用。在沒有這種交換媒介時，人們交易成功的關鍵是買賣雙方的欲望一

致性，即買者和賣者都正好需要對方的東西。這種沒有貨幣爲仲介的交易稱爲物物交換。買賣雙方的欲望一致性是一種偶然，這樣就難以有廣泛的交換。計價單位是人們用來表示物品和勞務價格及記錄債務的標準。當所有物品和勞務都用統一的貨幣來表示時，交易就方便了。價值儲藏是人們用來把現在的購買力轉變爲未來購買力的東西。人們可以用多種形式的財產來作爲價值儲蓄手段，例如存款、股票、債券、不動產等貨幣也是其中的一種。在這三種職能中，交換媒介是最基本的。計價單位是貨幣作爲交換媒介的條件或前提，價值儲藏是交換媒介的延伸。

　　瞭解了貨幣的這三種職能，我們就可以回答開始提出的兩個問題。在某些特殊情況下，萬寶路香菸曾被作爲普遍接受的交換媒介使用，因此就成爲了貨幣。在二戰盟軍戰俘營中、二戰後德國超速通貨膨脹時期和二十世紀八〇年代俄羅斯通貨膨脹嚴重的莫斯科，人們都曾把萬寶路香菸作爲交換媒介使用，這時萬寶路香菸就是貨幣。信用卡也可以購物，但並不是貨幣。因爲能夠購物的並不是信用卡本身，而是信用卡公司爲持卡人購買支付的承諾，這種承諾來自持卡人保證支付的信用。信用卡只是持有人信用的證明，本身並不是交換媒介，正如駕駛證只證明持證人會開車，但本身並不是開車技術一樣。

　　在歷史上貝殼、石頭、白銀、黃金等曾被作爲貨幣使用，但現在各國最普遍的貨幣形式是紙幣。黃金這類有內在價值的東西作爲貨幣稱作商品貨幣，有內在價值是指這些東西本身有價值，即使不作爲貨幣也有價值，正如同黃金不作爲貨幣時仍具有貴金屬的價值，可用於工業或首飾製造。沒有內在價值而由政府法令所確定的貨幣稱爲法定貨幣，現在我們用的紙幣都

屬於法定貨幣。這些作為貨幣的紙片本身並沒有什麼價值，它之所以為貨幣的地位，是由政府的法令確定的。商品貨幣與法定貨幣不僅僅是貨幣的形式不同，對經濟的影響也不同。當採用商品貨幣時，由於商品本身的供給有限（例如黃金產量的限制），產生通貨膨脹的情況不多，更經常的情況是出現通貨緊縮。當採用法定貨幣時，貨幣供給本身沒有物質限制，更易於發生通貨膨脹。通貨膨脹本質上是一種紙幣現象。這樣，法定貨幣對經濟的重要性就遠遠大於商品貨幣。

我們在分析貨幣對經濟的影響時，重要的是考慮貨幣存量。貨幣存量是一個經濟流通中的貨幣量。經濟學家按流動性來劃分不同的貨幣存量。流動性指資產可以變為經濟中交換媒介的容易程度。按流動性的大小，貨幣可以分為 M_1 和 M_2。M_1 是直接可以作為交換媒介的東西，最具流動性，稱為狹義貨幣，包括現金（紙幣與輔幣）、旅行支票和可以直接開支票隨時支取或購物的活期存款。M_2 包括了容易作為交換媒介的東西。它的一些貨幣流動性不如 M_1，但比債務、股票之類變為交換媒介不太容易或不能保持原價值的非貨幣資產而言，流動性還相當大。M_2 中包括 M_1 和儲蓄存款、定期存款、貨幣市場共同基金和其他一些小項目。M_2 包括的範圍遠遠大於 M_1，稱為廣義貨幣。

13.2 金融體系

貨幣經濟中，經濟的運行依賴於金融體系，貨幣對經濟的影響透過金融體系而發生。因此，理解貨幣在經濟中的作用必

須瞭解金融體系。

金融體系包括中央銀行、金融機構和金融市場。

中央銀行是國家的銀行，例如：美國的聯邦儲備委員會就是美國的中央銀行。在經濟中，中央銀行的主要職責是：第一，發行貨幣，控制一國的貨幣供給。第二，領導並監督銀行體系的運行。金融體系的正常運行是一國經濟穩定的前提。金融體系正常運行的條件之一是銀行體系的穩定。中央銀行代表國家對銀行的業務活動進行監督、管制，也是國家有關銀行立法的執法者。當銀行有困難時，中央銀行爲了維持銀行體系的穩定，也要給銀行以扶植。例如當銀行資金短缺而銀行之間的拆借困難時，中央銀行作爲「最後貸款者」給銀行以支持，以避免銀行破產所引起的金融風波。第三，中央銀行運用貨幣政策調節經濟。中央銀行可以透過貨幣供給來影響經濟，這種政策就是貨幣政策。中央銀行是貨幣政策的決策者與實施者。除了這些職能外，中央銀行還有一些其他職能，例如組織銀行之間的清算、作爲國家銀行掌握一國外匯儲備、影響匯率等等。

各國的中央銀行都有自己的特點。一些國家的中央銀行有相當大的獨立性，並不屬於政府的一部分，也不受政府，甚至議會領導。它們依法行使自己的職權，獨立決定貨幣政策。例如美聯儲和德國的中央銀行。另一些國家的中央銀行獨立性較弱，由政府或財政部領導。例如日本和英國的中央銀行。根據經濟學家的研究，獨立性強的中央銀行更關注物價穩定，因此，這些國家的物價通常比中央銀行不獨立的國家更穩定。

金融體系的第二個組成部分是金融仲介機構。金融仲介機構中最重要的是商業銀行，商業銀行是從事貨幣業務的企業，它和一般企業一樣以利潤爲目標。具體來說，商業銀行透過它

吸收存款、發放貸款和代客結算這類業務活動，來實現利潤最大化。但正如我們將在下面說明的，商業銀行在從事存貸款業的同時，也創造出了貨幣。商業銀行創造貨幣的機制對貨幣供給和經濟有重要的影響。除了商業銀行之外，金融仲介機構中還包括非銀行金融仲介機構，它們從事不同的金融業務。例如美國的共同基金從事風險投資，儲蓄與貸款協會主要從事長期房地產抵押貸款。其他國家還有信用社等非銀行金融仲介機構。我們在以後的論述中以商業銀行來代表金融仲介機構。

　　各國的商業銀行也有不同的特點。有些國家的商業銀行是由幾家大銀行主宰，大銀行下面有分行，形成自己的獨立體系，如英國、日本的商業銀行都是這種體系。有些國家的商業銀行則由大大小小的獨立銀行組成，這些銀行規模差別很大，但在法律上都是獨立的，例如美國的商業銀行。此外，各國商業銀行的業務經營範圍也不同。有些國家規定商業銀行可以經營不同的業務，如存貸款、證券投資、企業控股等；這種作法稱爲混業經營，日本就是如此。也有些國家嚴格規定了不同商業銀行和非銀行金融仲介機構的業務範圍，銀行不得跨業務經營，這種作法稱爲分業經營。美國曾採用這種作法，但現在已廢除這一規定，允許混業經營。銀行走向混業經營有利於銀行透過跨行業經營減少風險，並提高效益，已成爲一種趨勢。

　　金融體系的第三個組成部分是金融市場，金融市場是各種貨幣與金融資產（如債券和股票）進行交易的市場。在現代經濟學中，金融市場十分重要。中央銀行對貨幣供給的控制是透過在金融市場上的買賣實現的，公眾把資金投入金融市場，企業也透過金融市場籌資。金融市場的波動對整個經濟有重大的影響，經濟的興衰都與金融市場密切相關。二十世紀三〇年代

全球大蕭條是從美國紐約股市的崩潰開始的，二十世紀九〇年代美國的經濟繁榮也表現在股市高漲上。在目前世界金融市場一體化的情況下，金融市場波動不僅影響一國經濟，還影響全球經濟。

13.3 利率與貨幣

　　凱因斯打破了古典二分法，用利率把實物市場與貨幣市場聯繫起來。這就是說，貨幣市場決定利率，利率影響實物市場，因此，瞭解貨幣與經濟之間關係的中心是說明利率的決定。

　　利率是在貨幣市場上由貨幣的供求決定的，因此，要說明利率的決定必須分析貨幣的需求與供給。

　　根據凱因斯主義貨幣需求理論，決定貨幣需求的是利率和收入（GDP）水平。貨幣需求是整個社會所需要的貨幣量。人們需要貨幣會出於不同的動機，可以把這些動機概括為三類。第一，交易動機。這是人們進行日常交易所需要的貨幣，目的是便利交易、降低交易費用。出於這種動機所需要的貨幣量取決於交易量，交易量又取決於GDP，因此，交易動機的貨幣需求量取決於GDP。這兩者之間是正相關關係，即GDP增加，出於交易動機的貨幣需求量增加；反之，GDP減少，出於交易動機的貨幣需求量減少。第二，預防動機，或稱謹慎動機。交易動機是為了應付不可預見的支付，並使不確定性帶來的損失最小所需要的貨幣。收入越高，人們用於預防的資金越多，因此，這種貨幣需求也取決於GDP，兩者之間是正相關關係，

GDP越大，出於預防動機所需要的貨幣也越多；反之，GDP越小，出於預防動機所需要的貨幣也越少。第三，投機動機。投機動機是人們為了減少風險而進行資產多元化所需要的貨幣。人們以貨幣、債券、股票等多種形式來持有財產，其目的在於資產收益最大化或風險最小化。如果貨幣利率低，人們就要從事債券或股票投機，從而所需要的貨幣就多；反之，如果貨幣利率高，人們從事債券或股票投機活動就少，從而所需要的貨幣就少，所以，出於投機動機的貨幣需求取決於利率。利率越高，出於投機動機的貨幣需求就越少；反之，利率越低，出於投機動機的貨幣需求就越多。這兩者之間反方向變動。

在現實中，人們很難分清所需要的貨幣中每種動機所需要的貨幣量是多少。因此，在價格為既定時，貨幣需求取決於GDP和利率，與GDP同方向變動，與利率反方向變動。

貨幣供給取決於中央銀行的貨幣政策，但商業銀行在決定貨幣供給方面也有重要的作用。中央銀行決定的是基礎貨幣。中央銀行控制貨幣的主要手段是公開市場活動、貼現率政策和準備率政策。公開市場活動是中央銀行在金融市場上買賣政府債券。中央銀行買進政府債券，則把貨幣給予出賣者，這就增加了基礎貨幣；反之，中央銀行賣出政府債券，則從買者手中收回了貨幣，這就減少了基礎貨幣。這是各國中央銀行最常用的控制基礎貨幣的工具。貼現率是中央銀行向商業銀行提供貸款的利率，貼現率降低會使商業銀行得到的貸款增加，從而增強商業銀行創造貨幣的能力，貨幣供給量增加；反之，貼現率提高會使商業銀行得到的貸款減少，從而削弱商業銀行創造貨幣的能力，貨幣供給量減少。準備率是中央銀行規定的商業銀行在所吸收的存款中必須保留的準備金的比率。降低準備率，

商業銀行可以把更多存款用於貸款，所創造的貨幣量增加；提高準備率，商業銀行在存款中可用於貸款的數量減少，所創造的貨幣量減少。

中央銀行增加或減少的是基礎貨幣，基礎貨幣並不等於流通中的貨幣量，即貨幣供給。因爲商業銀行會用基礎貨幣創造出更多的貨幣。商業銀行這種創造貨幣的機制在決定貨幣供給中是十分重要的。當然，商業銀行創造貨幣並不是說它可以印刷貨幣，而是指它透過存貸款業務使一單位基礎貨幣變爲若干單位貨幣。這種機制的關鍵在於，從商業銀行得到貸款的客戶並不是把現金提走，而是存入自己的開戶銀行，這樣，這家銀行的存款增加，存款又可以轉變爲貸款。這個過程在銀行體系中一直繼續下去，流通中的貨幣量就大於中央銀行發行的基礎貨幣。

我們用一個例子來說明商業銀行的創造貨幣的機制如何創造出貨幣。假設準備率爲0.2，中央銀行在金融市場上買進100萬元政府債券，這就使中央銀行增加了100萬元基礎貨幣。出賣這100萬元債券的甲把這筆錢存入他的開戶銀行A。A銀行增加了100萬元存款，按0.2的準備率把20萬作爲準備金留下之後，把餘下的80萬貸給乙。得到這80萬元貸款的客戶乙把這80萬存入自己的開戶銀行B。B銀行增加了80萬元存款，按0.2的準備率把16萬作爲準備金留下之後，把餘下的64萬貸給丙。得到這64萬元貸款的客戶丙把這64萬存入自己的開戶銀行C。C銀行增加了64萬元存款，又可繼續貸款。這個過程一直進行下去，存款的增加爲100萬＋80萬＋64萬＋……（也可以寫爲100萬＋100萬×0.8＋100萬×0.8^2＋100萬×0.8^3＋……＝100萬×1/0.2＝500萬）。按貨幣的定義，存款是貨幣。於是，中央銀行

增加的100萬元基礎貨幣，透過商業銀行的存貸款業務活動變成了流通中500萬元的貨幣供給量。貨幣中的流通量與基礎貨幣之比稱為貨幣乘數。在這個例子中貨幣乘數為5。

讀者一定會發現，貨幣乘數的大小，即中央銀行發行的基礎貨幣為既定時，商業銀行可以創造出多少貨幣，取決於準備率的大小。在上例中，準備率為0.2，貨幣乘數為5，所以貨幣乘數也是準備率的倒數。準備率越小，貨幣乘數越大；準備率越大，貨幣乘數越小。當然，在現實中，貨幣乘數的大小還要取決於其他因素。上面的例子中，假定得到貸款的客戶把全部貸款存入自己的開戶銀行，自己沒有留現金，即不存在貨幣漏出。如果有貨幣漏出，即得到貸款的客戶把一部分貨幣作為現金提出，那麼，這部分現金就不再作為存款進入銀行，即退出了貨幣創造過程。這時，貨幣乘數就變小了，商業銀行能創造出來的貨幣量就少了。

在貨幣市場上，決定利率的是貨幣供求，這就如同物品市場上物品的供求決定價格一樣。當貨幣需求量等於貨幣供給量時，貨幣市場均衡，這時就決定了市場均衡利率。貨幣供求的變動影響利率變動。在貨幣供給不變時，貨幣需求增加，利率上升；貨幣需求減少，利率下降。在貨幣需求不變時，貨幣供給增加，利率下降；貨幣供給減少，利率上升。如果貨幣供求都變動，則是這兩種結果的綜合。一般說來，貨幣需求較為穩定，所以，貨幣供給是決定利率的重要因素。這正是中央銀行透過調節貨幣供給，來影響利率和經濟的原因。

正如我們在投資函數中所分析的，利率對投資有重大影響，投資是總需求的一個重要組成部分，從而利率就會影響整個經濟。這是貨幣對經濟最重要的影響。當然，貨幣對經濟還

有其他影響。在長期中，貨幣決定物價水平。在短期中，貨幣也會透過對總需求的影響而影響物價水平。因為總需求增加，GDP增加，物價水平上升。物價水平上升就是通貨膨脹，所以，貨幣量增加在短期中也是通貨膨脹的原因之一。短期與長期的差別在於，短期中貨幣既影響GDP又影響物價水平，而在長期中，貨幣不影響GDP，只影響物價水平。記住這種區別，對認識貨幣在經濟中的作用是重要的。

14. 失業與通貨膨脹

把通貨膨脹控制在 3.5％以下的同時達到六
○年代甘迺迪政府的目標,即把失業率降低到 4
％,是可能的。

——詹姆斯·托賓

　　詹姆斯·托賓（James Tobin, 1918-　），著名的美國凱因斯主義經濟學家，1981年獲諾貝爾經濟學獎。托賓對凱因斯主義宏觀經濟學，尤其是他的貨幣理論、金融市場與經濟、宏觀經濟政策的研究，對經濟理論和政策都產生了重大影響。曾在六○年代任甘迺迪總統經濟委員會委員，他主張的充分就業政策促成了美國六○年代的繁榮。我們所引用的這段話反映出他對六○年代輝煌的留戀。

　　失業與通貨膨脹是各國宏觀經濟中兩個最重要的問題。各國無不努力在達到美國經濟學家托賓所提出的低通貨膨脹和低失業的目標。但現實並不像托賓想像的那樣美好。美國二十世紀九〇年代實現了這一目標，但二十世紀七〇年代卻是高通貨膨脹和高失業並存的脹滯狀態。在另一些年份和其他國家，或者是高失業低通貨膨脹，或者是低失業高通貨膨脹。為什麼同時實現低失業和低通貨膨脹不容易？如何才能實現托賓的理想目標？要解決這一問題，我們就必須對失業與通貨膨脹進行更為深入的分析。

　　在以前各章中我們提出了總需求—總供給模型，並說明了短期中總需求的重要性。現在我們就這些理論工具來分析失業和通貨膨脹，及其相互之間的關係。

14.1 奧肯定理

　　什麼是失業？聯合國國際勞工局曾給失業下了這樣一個經典性定義：失業者是在一定年齡範圍內，有工作能力，想工作，而且正在找工作，但現在仍沒有工作的人。

　　各國都根據自己的情況對這個定義進行了具體化。在美國，一定年齡範圍界定為16至65歲，即成年人，或稱工作年齡人口。在工作年齡人口中除去不願參加勞動者和無勞動能力者是勞動力。勞動力中可以劃歸失業者的包括三種人：第一，由於被解雇或自己離職沒有工作，但在調查前四週一直在找工作的人。第二，由於企業暫時減少生產而沒有上班，但並未被解雇，等待被重新召回原工作單位，一週以上未領工資的人。第

三，第一次進入勞動力市場或重新進入勞動力市場，尋找工作四週以上的人。這些是官方承認的失業者，實際上還有一些沒有工作也想找工作的人，由於找工作困難而放棄了找工作未被當作失業者，這種人稱為喪失信心的工人（通常是年齡大、學歷低、找工作十分困難的長期失業者）。那些從事部分時間工作（打零工）而又想找一份全職工作的人也未被列為失業者，因為有部分時間工作也被當作有工作。

任何一個經濟中都不可能人人都有工作，換言之，在一個動態社會中一些人處於失業狀態是正常的，因此，在分析失業時重要的是要分清哪些失業是正常的，哪些是不正常的。前者稱為自然失業，後者稱為週期性失業。

自然失業是由於經濟中一些難以克服的原因所引起的失業。這是一種任何經濟都難以避免的失業，也就是正常的失業。引起自然失業的原因也很多。例如，工人嫌工資低而不願意工作，勞動力正常流動，工作的季節性，制度的原因，技術變動等等。其中最主要的是由於勞動力流動引起的摩擦性失業和制度原因引起的結構性失業。

摩擦性失業是由於勞動力流動引起的失業。每一個人都想找到一個適合個人愛好與技能的工作，這就會不斷地辭去舊工作尋找新工作；產業結構的變動或某個地區的興衰會迫使勞動力流動，衰落行業和地區的工人要找新工作；甚至個人為了與親人在一起或住在更好的環境裡也會進行流動。這種種原因使勞動力流動成為一個經濟的特徵，例如美國每年的勞動力流動為17％左右。在勞動力流動中，無論由於什麼原因，離開舊工作找到新工作之間總需要一段時間。這段時間這些流動的人就成為失業者。這種失業也可以歸結為尋找一份合適的工作需要

一定時間，因此，又稱尋找性失業，即由於想找到好工作引起的失業。無論由於追求更好的工作，還是被迫找新工作，在任何一個經濟中都是正常的，因此，這種失業是正常的。尤其是年輕人中的相當一大部分失業屬於這種失業。有些經濟學家甚至認為，這種失業是實現勞動力配置最優化所應付出的代價，不僅正常，而且必要。付出失業的代價換得勞動力最優配置的結果，從社會來看，利益大於代價。

結構性失業是由於一個經濟的制度原因而引起的失業。任何一種制度都有利有弊。在給社會帶來利益的同時也會引起各種代價。例如最低工資法是一項保護低收入者的政策，有使社會收入平等化的積極作用。但在這種制度之下，勞動供給增加，企業的勞動需求減少，勞動市場供大於求就是失業。這種制度使一部分不熟練工人得到了提高收入的好處，但卻使另一部分本來可就業的不熟練工人失業。再如，失業津貼保證失業者有一定收入，有利於社會安定，是一項社會保障制度，但卻使失業工人不著急找工作，而延長了失業。美國經濟學家曾作過一個實驗，把失業工人分為兩組，對一組工人在三週內找到工作的給予500美元獎勵，而另一組工人沒有這種獎勵。結果第一組工人在三週內都找到工作，而另一組工人在失業津貼結束前（26週時）找到了工作。這說明失業津貼降低了工人找工作的努力程度，引起失業時間延長，即失業加重。此外，工會的存在也引起這種結構性失業。工會控制了勞動供給，可以要求提高工資，但高工資引起失業。結果往往是工會會員得到了高工資，非工會會員承擔失業的代價。當企業實行效率工資，即高於市場工資的工資時，也會減少勞動需求，引起失業。這種種制度在經濟中都有積極作用，不可能取消但卻成為失業的原

因。這種失業同樣也是難免的、正常的。

　　各國都有自然失業，但嚴重程度，即自然失業率不同。自然失業率的不同取決於各國的制度和其他因素。例如，歐洲的社會保障與福利水平高於美國，工會力量比美國強大，因此，歐洲國家的自然失業率普遍高於美國。各國都根據自己的實際情況和社會可接受程度確定自己的自然失業率。充分就業並不是人人都有工作，而是失業率等於自然失業率，因此，自然失業率也就是充分就業時的失業率。可以用各種政策降低自然失業率，例如設立就業機構幫助失業者儘快找到工作、給勞動者以職業培訓使他們能找到更好的工作、改革社會保障、減少對就業的不利影響等等。但不可能消滅自然失業，托賓所說的甘迺迪政府時的4％失業率，就是當時確定的自然失業率，把失業率保持在這個水平也就實現了充分就業。

　　一個社會要消除的失業是週期性失業。週期性失業是由於總需求不足所引起的失業。因為總需求的變動有週期性，這種失業也表現出週期性，因此稱為週期性失業。可以用總需求─總供給模型來解釋週期性失業。如前所述，只有在總需求與短期總供給決定的均衡GDP與潛在GDP相等時，經濟中才實現了充分就業。這時的總需求是充分就業的總需求。如果實際總需求小於充分就業總需求，均衡的GDP就小於潛在GDP，一些資源，包括勞動力在內得不到充分利用，就會出現週期性失業。凱因斯解釋週期性失業的原因時，強調了邊際消費傾向遞減引起的消費不足，以及資本邊際效率（資本未來的利潤率）遞減和利率不能無限下降（心理上的流動偏好）引起的投資不足。現代經濟學家認為，消費是穩定的。在國內，引起總需求不足的原因主要是投資不足，在國際上，引起一國總需求不足的原

因主要是出口減少。一個經濟要實現充分就業就必須滿足週期性失業。這也是各國經濟政策的重要目標之一。

失業的存在對個人是人力資本的浪費和收入減少,也成為各種社會問題的來源。從經濟的角度看,失業意味著資源沒有得到充分利用,是實際GDP的減少。美國經濟學家阿瑟·奧肯研究了美國失業率與實際GDP增長率之間的關係,他得出的結論是:失業率每上升一個百分點,實際GDP的增長率下降2個百分點,這個結論被稱為奧肯定理。奧肯定理說明了失業給實際GDP增長所帶來的損失,而且,根據五○至六○年代的資料估算出了這兩者之間的數量關係。儘管對這種估算有不同看法,但這一定理仍受到重視。

14.2 多磨一點鞋底

通貨膨脹是物價總水平的持續上升(相反的,物價總水平的持續下降就是通貨緊縮)。在法定貨幣流通的情況下,貨幣供給沒有物質限制,通貨膨脹成為各國都存在的現象,因此,通貨膨脹是宏觀經濟學研究的主要問題之一。

通貨膨脹的嚴重程度是根據通貨膨脹率來確定的,通貨膨脹率可以根據物價指數來計算:年通貨膨脹率=今年的物價指數-去年的物價指數/去年的物價指數。假設2000年物價指數為165,1999年物價指數為150,則2000年的通貨膨脹率為:(165－150)／150＝10%。

經濟學家根據通貨膨脹的嚴重程度,把通貨膨脹分為三類。一、溫和的通貨膨脹是通貨膨脹率低而穩定的通貨膨脹。

例如美國二十世紀九〇年代一直保持2％左右的通貨膨脹率，就屬於溫和的通貨膨脹。因爲現實中零通貨膨脹事實上難以實現，而且即使實現了也要以較高失業率爲代價，並不合適。所以，保持溫和的通貨膨脹也就實現了物價穩定。二、加速的通貨膨脹是通貨膨脹率較高且不斷加劇的通貨膨脹。例如我國二十世紀八〇年代出現的10％以上，且每年加劇的通貨膨脹就屬於加速的通貨膨脹。如果每個月的通貨膨脹率高達50％以上，這就是三、超速通貨膨脹了，這種通貨膨脹會引起一個國家金融體系，甚至經濟崩潰。玻利維亞在二十世紀八〇年代、南斯拉夫在二十世紀九〇年代後期都出現過這種通貨膨脹；俄羅斯和東歐國家在經濟轉型過程中，也出現過這種通貨膨脹。

　　通貨膨脹對經濟的影響在很大程度上，取決於人們是否可以預期。如果人們預期的通貨膨脹率與實際發生的通貨膨脹率（通貨膨脹的預期值與實際值）一致，這種通貨膨脹就是可預期的，如果人們預期的通貨膨脹率與實際發生的通貨膨脹率不一致，這種通貨膨脹率就是不可預期的。

　　可預期的通貨膨脹發生時會引起人們的不方便，尤其是人們減少持有的現金量，更多地存入銀行，這就是要多往銀行跑幾次，浪費了時間。這種影響被形象地說成要「多磨一點鞋底」，所以稱爲皮鞋成本。此外，企業要改變價格，印刷新的產品價目表，這就增加了成本，產生菜單成本。在這種通貨膨脹發生時，如果實行工資指數化，即隨通貨膨脹率調整名義工資，還會產生通貨膨脹稅，因爲這時起徵點和稅率都是按名義工資調整的。例如起徵點爲1000元，1000元以上部分按10％徵收所得稅。名義工資爲1000元時不徵稅。如果發生了通貨膨脹，通貨膨脹率爲10％，名義工資調整爲1100元，這時超過

1000元的100元徵收10％的稅，即10元。工人的實際工資減少了10元，這10元被政府以通貨膨脹的形式拿走了，稱爲通貨膨脹稅。可預期的通貨膨脹儘管也有這些不利影響，但總體上對經濟的不利影響並不大，因此，人們可以根據通貨膨脹預期值調整自己的經濟行爲，抵消這些影響。

不可預期的通貨膨脹通常指加速的通貨膨脹，這時如果通貨膨脹的實際值大於預期值，對工人和企業而言，工人受害而企業獲益。因爲這使工人的實際工資減少而企業的實際利潤增加。比如，預期通貨膨脹率爲5％，實際通貨膨脹率爲10％，假定工人名義工資爲1000元，按5％通貨膨脹的預期名義工資增加爲1050元。但實際在通貨膨脹率爲10％時，名義工資應該爲1100元才能保持實際工資不變，名義工資爲1050元時，工人沒有得到的50元就變成了企業利潤。同樣的，對債務人和債權人而言，也使債務人獲益而債權人受損失。仍用通貨膨脹預期值爲5％，實際值爲10％的例子。債務人和債權人按通貨膨脹預期值簽訂借貸合約。假設實際利率爲5％，在考慮到通貨膨脹預期值爲5％時，名義利率確定爲10％，但在通貨膨脹率實際值爲10％時，實際利率成爲零，債務人實際未支付利息，債權人受損失。這兩種情況都引起收入與財富的任意分配。

曾有些經濟學家認爲，通貨膨脹對經濟發展有某種刺激作用。通貨膨脹稅可以增加財政收入，用於有利於經濟發展的基礎設施建設。不可預期的通貨膨脹，引起有利於企業不利於工人的收入分配變動也會刺激生產，但多數經濟學家現在認爲通貨膨脹弊大於利。在市場經濟中，價格是表示資源稀缺程度的信號，通貨膨脹使價格扭曲了資源稀缺狀況，引起市場機制不能正常發揮作用。在不可預期的通貨膨脹下，經濟中的不確定

性加大，風險增加，債權人不願貸款，長期投資減少。而且，如果想利用通貨膨脹刺激經濟，將使通貨膨脹失控，甚至會引起超速通貨膨脹，使經濟崩潰。因此，現在許多國家都把穩定物價作爲宏觀經濟政策的重要目標。

經濟學家對通貨膨脹的原因作出了多種解釋，最重要的是需求拉上理論和成本推動理論。這兩種理論用總需求－總供給模型解釋通貨膨脹的原因。

需求拉上理論用總需求的增加來解釋通貨膨脹。這就是說，如果總需求的增加大於總供給，或總需求的增加快於總供給，就會由於總需求拉上而產生通貨膨脹。這種通貨膨脹的產生又分兩種情況。一種情況是當經濟中未實現充分就業（或未達到極限）時，總需求增加首先引起物價上升，即首先引起通貨膨脹，然後物價上升刺激生產，引起實際GDP增加。這種通貨膨脹是由於總需求增加快於總供給。另一種情況是當經濟中實現了充分就業（或達到極限）時，總供給無法增加，總需求增加大於總供給，只會引起通貨膨脹而實際GDP不會增加。

供給推動理論用生產成本的增加解釋通貨膨脹，又稱成本推動理論。成本增加使短期總供給曲線向上移動（在物價水平不變時，總供給減少），這樣，就發生了通貨膨脹。成本增加的原因可能是工資增加或原料漲價（例如二十世紀七〇年代石油價格上升）。

產生於總需求或總供給的通貨膨脹也會相互加強，使通貨膨脹加劇或持續。此外，慣性和人們的預期也會使通貨膨脹持續。因爲當現實中發生了通貨膨脹時，通貨膨脹往往有一種慣性，或者人們對通貨膨脹的預期難以改變，這樣他們根據通貨膨脹預期行事就會使通貨膨脹持續下去，即使最初引起通貨膨

脹的原因消失,通貨膨脹也仍會持續相當一段時間。例如假設由於總需求增加發生了5％的通貨膨脹,人們預期這種通貨膨脹會持續下去,並按這種預期調整工資或借貸合約的利息。這樣,下一年即使總需求回到原來水平,由於這種預期引起的行為,5％的通貨膨脹仍會持續下去。

通貨膨脹的另一個重要原因是貨幣量的增加。美國經濟學家弗里德曼強調「通貨膨脹無論何時何處總是一種貨幣現象」,就是把通貨膨脹歸結為貨幣量增加。從長期來看,貨幣量決定物價水平,貨幣供給增長率決定通貨膨脹率。在短期中,貨幣量也是引起通貨膨脹的重要原因之一。貨幣量增加引起總需求增加,從而就成為通貨膨脹的源泉。當然,短期中貨幣量增加率與通貨膨脹率並不是同比例的,但也是同方向變動的。此外,超速通貨膨脹的原因只能是貨幣量的大量迅速增加,貨幣量大量迅速增加的原因往往是巨大的財政支出和財政赤字。

14.3 你不能永遠欺騙所有的人

失業與通貨膨脹之間到底存在什麼關係?圍繞這個問題的爭論,成為宏觀經濟學的重要議題之一。

1957年紐西蘭經濟學家菲力普根據英國近100年的資料,作出了一條表示通貨膨脹與失業之間關係的曲線。這條曲線顯示失業與通貨膨脹之間存在一種交替關係,即通貨膨脹率高時,失業率低;通貨膨脹率低時,失業率高。這條曲線就是經濟學中著名的菲力普曲線。

二十世紀六○年代初,美國經濟學家薩繆爾森和索洛根據

美國的資料證明了菲力普曲線所表示的關係在美國同樣存在，並根據這種關係來指導宏觀經濟政策。這就是說，在失業率低而通貨膨脹率高時，採用緊縮性財政與貨幣政策，以較高的失業率換取較低的通貨膨脹率；反之，在失業率高而通貨膨脹率低時，採用擴張性財政與貨幣政策，以較高的通貨膨脹率換取較低的失業率。這樣，可以把通貨膨脹率和失業率控制在社會可接受的水平之內。

但是，七〇年代高通貨膨脹與高失業並存的滯脹打破了菲力普曲線的結論，這就引起對菲力普曲線的重新解釋。貨幣主義者美國經濟學家弗里德曼和費爾普斯根據適應性預期重新解釋了菲力普曲線。他們認為，菲力普曲線的嚴重缺點在於沒有考慮到人們的預期形成，而預期對經濟有重要影響。他們引入了適應性預期，這就是說，人們的預期會發生失誤，但他們會根據過去的失誤來糾正未來的預期，使預期值與實際值最初一致。當用適用性預期解釋菲力普曲線時，短期與長期情況是不同的。

在短期中，當政府採用擴張性財政與貨幣政策刺激經濟時，發生通貨膨脹，人們未能預期到，通貨膨脹的預期值小於實際值，他們對此未作出反應，從而實際工資下降，實際利潤增加，企業增加生產和雇用的工人，失業率暫時下降，因此，在短期中存在菲力普曲線所表示的關係。但在長期中，人們會調整自己的預期，使通貨膨脹的預期值與實際值一致，並對此作出反應要求提高工資，實際工資恢復到原來水平，企業又減少生產減少工人，失業率回到原來水平，通貨膨脹提高並沒有降低失業率，因此，長期中並不存在菲力普曲線所表示的關係，即失業與通貨膨脹之間無關。

在此基礎上弗里德曼提出了自然率假說，即長期中失業率處於自然失業率水平，這個水平是由制度等因素決定的，與通貨膨脹無關。弗里德曼還強調，儘管短期中存在菲力普曲線所表示的關係，但如果要利用這種關係，由於人們預期的通貨膨脹率上升，原來的短期菲力普曲線向上移動，菲力普曲線變為長期狀況，短期菲力普曲線關係消失，所以，即使在短期中也不能利用菲力普曲線所表示的關係來調節經濟。經濟應該由市場來調節，政府用宏觀經濟政策調節經濟，只會提高人們的通貨膨脹預期，無助於失業而加劇了通貨膨脹。

理性預期學派對菲力普曲線的解釋比貨幣主義又進了一步，他們依據的預期是理性預期，即人們可以根據他們所得到的全部資訊，作出正確的預期。這就是說，預期值與實際值總是一致的。根據這種假設，當政府用通貨膨脹的方法降低失業時，人們會提前預期到，並採取相應對策，從而即使在短期中也不會存在菲力普曲線所表示的關係。這就是政策無效論。他們指出，只有政府以隨機的方式採用通貨膨脹方法使人們無法按已有資訊預期，政策才會暫時起作用，減少失業。但這種欺騙的做法難以長久，因為有諺語說：「你可以在一時欺騙所有人，也可以永遠欺騙一些人，但不能永遠欺騙所有人。」用騙人的方法減少失業，最終會引起更大的經濟災難。

八○年代之後出現的新凱因斯主義認為，短期中存在菲力普曲線所表示的關係，因此，在短期中利用宏觀經濟政策是有效的；但在長期中並不存在這種關係，長期中也不能用政策來調節經濟，經濟要依靠市場來調節。

圍繞菲力普曲線的爭論，實際涉及到國家是否應該干預經濟這個重大問題。從凱因斯主義到新古典綜合派（薩繆爾森和

索洛就是其主要代表人物）再到新凱因斯主義，儘管在理論上有許多發展，但在政策上都主張國家用宏觀經濟政策調節經濟，尤其是在短期中這種調節更爲必要，因此，他們承認菲力普曲線所表示的失業與通貨膨脹之間的交替關係，起碼承認這種關係在短期中的存在。貨幣主義和理性預期學派又稱新古典宏觀經濟學主張自由放任，反對國家干預，即使在短期中也無須國家用宏觀經濟政策調節經濟。這樣，他們都否認菲力普曲線所表示的關係，儘管貨幣主義承認短期中的這種關係，但仍反對利用這種關係。

　　在現實中，菲力普曲線所表示的關係有時存在，也有時不存在，還存在過失業與通貨膨脹同方向變動的情況。對於國家干預是否必要的爭論也仍未消失。經濟是複雜的，經濟學也是多元化的，看來這種爭論隨著經濟的發展還會繼續，也許還會有新突破。經濟學總是常變常新的。

經濟週期的理論與實踐

經濟週期是國內生產總值、總收入、總就業量的波動，持續時間通常爲二至十年，它以大多數經濟部門的擴張或收縮爲標誌。

——保羅·薩繆爾森

此圖摘自《探求智慧之旅》

　　保羅·薩繆爾森（Paul A. Samuelson, 1915-　），當代最知名的經濟學家。被稱為經濟學中「最後一個通才」和當代經濟學的「掌門人」，1970年獲諾貝爾經濟學獎。他的《經濟分析的基礎》是經濟學中里程碑式著作，暢銷全球的《經濟學》教科書是許多經濟學家成功的起點。

　　經濟中上升與下降的週期性波動是市場經濟中固有的現象。世界上第一次過剩性危機於1825年發生於英國。早在1860年法國經濟學家朱格拉就系統地研究了這種現象，提出了爲期十年左右的中週期理論。馬克思著重研究了經濟週期中的危機階段，稱之爲「社會瘟疫」。現代經濟學家則從整個週期的角度對此提出了種種解釋，成爲現代經濟週期理論。研究宏觀經濟不能不研究經濟週期，正是在這種意義上，美國經濟學家托賓把經濟週期和經濟增長，並列爲早期宏觀經濟學的兩個中心議題之一。

　　但是戰後經濟週期與戰前的經濟週期有了顯著的不同。這些特點是什麼？經濟學家如何解釋經濟週期的存在及新特徵？這正是本章的主題。

15.1 「馬鞍形」的經濟週期

　　歷史上發生過許多次經濟週期，直至今日經濟週期也並沒有消除。每次經濟週期的時間長短、嚴重程度、引發誘因、所引起的社會影響等都不一樣，但經濟週期作爲一種經濟現象，有一些值得注意的共同規律。

　　經濟週期表現爲整個經濟的波動，反映在國內生產總值、投資、就業、利率、匯率、貿易量、資本流動、國際收支等各個方面，但其中心始終是國內生產總值的波動。其他經濟變數都圍繞這一中心變動，所以，確定經濟週期時依據的唯一標準是國內生產總值。經濟波動實質上是實際國內生產總值與潛在國內生產總值（經濟長期增長趨勢）之間的背離。這兩者之間

的背離程度越大，經濟週期就越嚴重。

每一個經濟週期都可以分為上升與下降兩個階段。上升階段也稱為繁榮，其最高點稱為頂峰。這時經濟達到最高漲時，實際國內生產總值大於潛在國內生產總值，物價上升。但頂峰也是經濟由盛轉衰的轉捩點。此後經濟就進入下降階段，下降階段也稱為衰退，如果衰退嚴重則經濟進入蕭條，衰退的最低點稱為谷底。這時經濟達到最低時，實際國內生產總值小於潛在國內生產總值，物價下降。但谷底也是經濟由衰轉盛的轉折點。以後經濟又進入上升階段。從一個頂峰到另一個頂峰，或從一個谷底到另一個谷底，就是一次完整的經濟週期。

在經濟週期中變動最快的是貨幣與金融市場。我們從衰退開始分析。在頂峰時經濟活動高漲，因此，衰退開始於利率上升時，一旦衰退已經開始，則利率開始下降，但經濟達到谷底時，利率往往低到低於衰退開始時的水平。利率先上升而下降成為近年來衰退的一個規律，這是因為衰退開始於利率高的頂峰，而衰退中的實際GDP減少引起利率下降，這種利率降到一定程度才會刺激經濟復甦。衰退本身是投資減少引起的總需求與實際GDP減少，投資是經濟週期的關鍵。在整個經濟週期中，消費的穩定性有減少波動程度，尤其是衰退程度的作用。這是經濟週期中表現出的帶有規律性的特徵。

在現實中，每次經濟週期的形式並不完全相同，時間長短不同，嚴重程度也不同，但每次週期都表現出上述特徵，這就說明，經濟週期與衰退的出現是正常的。當市場經濟完全由市場機制自發調節時，經濟出現週期性變動是正常的。正如世界上任何一種事情的發生發展都不會呈直線性一樣，經濟也不會一直穩定持續地發展。馬克思把發展規律概括為「馬鞍形」，也

適用於經濟發展,所以,研究經濟週期時不能孤立地抓住其中某一階段(如衰退,或衰退嚴重的蕭條階段),並由此得出什麼結論,而應該從整個經濟週期的角度來說明經濟變動的規律及特點。

如前所述,經濟學家早就開始研究經濟週期問題,並根據統計資料把經濟週期分為中週期、短週期和長週期。1860年法國經濟學家朱格拉根據生產、就業、物價等指標確定了為期九至十年的中週期。1923年,英國經濟學家基欽根據英美的物價、銀行結算、利率等指標確定了為期三至四年的短週期。1925年,俄國經濟學家康得拉季耶夫根據美、英、法等國一百多年物價指數、利率、工資率、對外貿易量、煤鐵產量與消耗量等變動,確定了五十至六十年的長週期。1930年,美國經濟學家庫茲涅茨還根據美英等國的長期資料,確定了平均二十年左右、與建築業相關的長週期。美國經濟學家熊彼特在1939年出版的巨著《經濟週期》中,對這些週期進行了綜合分析,他認為,這些劃分並不矛盾,大體上一個長週期包括六個中週期,一個中週期包括三個短週期。應該說,這些經濟學家的種種劃分儘管依據的標準不同,但大體上反映了二戰前經濟週期的特徵。

在二戰之後,經濟週期出現了一些新特徵,這些特徵反映了戰後市場經濟的一些新特徵。首先,戰後總體上沒有出現過嚴重的衰退,類似二十世紀三○年代大蕭條那樣的情況從未出現過。儘管也出現過許多次衰退,但並不嚴重。其次,繁榮的時間延長了,而衰退的時間縮短了。像二十世紀九○年代克林頓當政時代的長期繁榮是歷史上沒有過的,但衰退往往會在幾個月或一至二年中過去。第三,無論是繁榮還是衰退都沒有以

前那樣嚴重，因此，總體波動程度變小了。甚至有的經濟學家認為，經濟週期現象已經消失了。當然，這種經濟週期消失論並沒有被普遍接受，但都承認波動的程度的確比戰前小多了。最後，各國之間的經濟週期聯繫更為密切，尤其是美國這樣的主要國家，對全世界的經濟波動有更大的影響，這反映了世界經濟的一體化。

　　經濟學家對戰後經濟週期的這些新特徵有不同的解釋。但大多數經濟學家認為，這與戰後科學技術發展和國家對經濟生活的干預相關。

15.2 國家干預經濟的合理性依據

　　經濟學家根據經驗事實和統計資料所歸納出的經濟週期特點與規律，僅僅是對現象的描述，而更重要的是探討經濟週期性波動的原因，以便減緩經濟波動的程度。對經濟週期原因的研究是經濟週期理論的中心。

　　自從十九世紀中期以來，經濟學家提出的經濟週期理論有幾十種之多，概括起來可以分為內生經濟週期理論與外生經濟週期理論兩大類。內生經濟週期理論在經濟體系之內尋找經濟週期性波動的原因，認為經濟週期產生於市場機制調節的不完善性，是市場經濟中一種正常的現象。這種理論也並不否認外部衝擊對經濟週期的影響，但強調外部衝擊僅僅是誘因，這些衝擊透過經濟體系內的因素和機制，才能導致週期性波動。外生經濟週期理論認為市場機制的調節是完善的，引起經濟週期性波動的原因在於來自經濟體系之外的衝擊。如果沒有外部衝

擊，經濟週期不會發生，但外部衝擊是難以避免的，這正是經濟週期成爲市場經濟中一種正常現象的原因。

在凱因斯主義出現之前，內生經濟週期理論或者認爲是銀行貨幣和信用的交替擴大與收縮引起週期性波動（純貨幣週期理論），或者認爲是過度投資引起了繁榮與蕭條的交替（投資過度理論），或者認爲是人們樂觀或悲觀的預期引起週期性波動（心理週期理論）等等。

凱因斯主義強調的是總需求分析，認爲引起經濟週期的是經濟體系內的總需求變動，以總需求爲中心分析經濟週期是凱因斯主義內生經濟週期理論的特徵。他們進一步指出，在總需求中，消費占的比例最大（三分之二左右），但消費是穩定的，引起經濟週期的不是消費的變動而是投資的變動。

在許多國家中，投資在總需求中占的比例不超過20％。但投資受多種因素影響，波動甚大，成爲經濟波動的主要原因。換言之，經濟繁榮往往是投資擴大引起的，經濟衰退也是投資減少引起的。投資的變動主要產生於利率和預期的變動，利率上升引起投資減少，利率下降引起投資增加；樂觀的預期引起投資增加，悲觀的預期引起投資減少。正是以投資變動爲中心的總需求變動，引起實際GDP變動和週期性波動。用投資來解釋經濟週期的著名理論是乘數—加速原理相互作用理論。

如前所述，乘數原理說明投資增加對實際GDP的影響，投資增加（即總需求增加）所引起的實際GDP增加的倍數稱爲乘數。加速原理說明實際GDP增加對投資的影響，實際GDP增長率引起的投資增長率的倍數稱爲加速數。這兩個原理說明了投資變動與實際GDP變動之間的相互關係，從而可以解釋以實際GDP波動爲中心的經濟波動如何在經濟體系內自發地產生。

　　我們從經濟繁榮開始來說明投資如何引起經濟波動。假設由於某個原因（中央銀行降低利率、創新或人們對未來預期的樂觀）引起經濟中投資增加。這種投資增加透過乘數效應使實際GDP成倍增加，經濟走向繁榮。實際GDP增加又刺激了投資增加，使投資成倍增加。投資與實際GDP透過乘數與加速原理的作用相互加強，經濟繁榮達到頂峰。

　　但經濟並不會這樣一直持續繁榮下去。實際GDP的增加總有一個極限，經濟增長不可能突破這個極限。這個極限的大小是由一個經濟所擁有的資源和技術水平決定的。這就是說，實際GDP的增加可以在短期內高於潛在GDP的水平，但這種狀態也有極限，並不可能持久。當經濟達到這種極限的頂點（即經濟週期中的頂峰）時，物價上升，經濟過熱，人們對未來的預期會從極度樂觀轉向悲觀。無論是由於資源的短缺，貨幣緊縮，還是由於人們的預期轉向悲觀，遲早會發生投資減少。乘數和加速數都是「雙刃劍」，即作用是雙向的。投資減少引起實際GDP成倍減少，實際GDP減少又引起投資加倍減少，這樣，經濟就進入衰退階段。同樣，投資與實際GDP透過乘數與加速原理的反方向作用相互加強，經濟衰退會進入蕭條，達到谷底。

　　當然，經濟也不會一直衰退下去，或長期停留在谷底。經濟衰退時，利率下降，這會刺激投資，於是經濟走出谷底，又進入繁榮，開始一輪新的經濟週期。

　　乘數─加速原理相互作用理論說明了投資和實際GDP是相互影響的，它們由經濟中的各種因素影響，如果讓市場機制自發調節，投資與實際GDP的波動都是難免的、正常的，其中起關鍵作用的是投資，因此，經濟中週期性波動也是正常的，要

減少波動程度就要求助於政府宏觀經濟政策的調節。戰後經濟週期的波動小於戰前，沒有出現像二十世紀三〇年代那樣嚴重的大蕭條，正是政府調節經濟的結果。

許多經濟學家都把總需求變動作為經濟週期的中心，但對引起總需求變動的原因解釋並不相同。圍繞二十世紀三〇年代大蕭條原因的爭論正說明了這一點。一種觀點認為，引起大蕭條的總需求減少，源於悲觀情緒與不確定性引起的投資減少。二十世紀二〇年代的經濟繁榮是由於住房建築高漲、新工廠建立這類投資的迅猛增加。但這些年份也充滿了不確定性，這種不確定性在國際上產生於國際貿易格局變化（英國衰落和德國與日美的興起）、國際通貨波動以及各國的貿易保護政策；在國內產生於沒有一個人相信繁榮會持續下去，但繁榮在何時，以何種方法結束並不確定。這種不確定性滋生了悲觀情緒，引起消費與住房購買減少。1929年紐約股市崩潰加劇了這種不確定性與悲觀情緒，投資急遽減少，建築業幾乎消失。這是這種投資的崩潰引起的大蕭條。這種看法是美國經濟學家彼特·蒂米提出的，代表了凱因斯主義的觀點。

貨幣主義者弗里德曼和安娜·施瓦茨也承認總需求減少是引起大蕭條的原因，但他們強調引起總需求減少的關鍵是貨幣供給量的減少。在大蕭條時，美國名義貨幣供給量減少了20％。這種減少並不是中央銀行基礎貨幣的減少，而是銀行破產引起的存款減少。在經濟極度繁榮時，銀行發放了大量不可靠的貸款，股市崩潰和經濟衰退使債權人無法償還貸款，這就引起銀行破產。銀行破產不僅使企業金融困難，以致破產，而且使利率急遽上升，進而又減少了投資，所以，引起投資和總需求減少的原因在於貨幣因素。

　　新凱因斯主義同樣把經濟週期的原因歸結為內在的，但所強調的是市場機制本身的不完善性。這就是說，如果市場機制能像新古典經濟學家所描述的那樣運行，則實際GDP總處於充分就業的水平，經濟中不會有波動。但現實的市場經濟並不像理論上描述的那樣理想，短期中會出現市場非出清狀態，即沒有實現充分就業均衡。當實際GDP與潛在GDP不一致時，經濟或者過熱或者衰退，這就是經濟的波動。這樣，新凱因斯主義就從微觀經濟的角度解釋了宏觀經濟波動。

　　新凱因斯主義者認為，市場經濟在短期中的不完善表現為黏性價格、黏性工資和信貸配給。黏性價格指在物品市場上價格的變動慢於供求的變動。這樣，價格的調節就不能保證物品市場的及時均衡。菜單成本論、交錯調整價格論（認為企業不是同時調整價格，使價格變動慢於供求變動）等理論解釋了價格黏性。黏性工資指在勞動市場上工資的變動慢於供求的變動。這樣，工資的調節就不能保證勞動市場上的及時均衡。長期勞動合約論、效率工資論等理論解釋了工資黏性。信貸配給指在不對稱資訊的信貸市場上，由於道德風險（債權人拖欠債務的風險）和逆向選擇（高利率使風險高的債權人增加），利率並不是調節信貸平衡的唯一手段。銀行會根據債務人的信譽度有選擇地放發貸款，而不是只貸給願出高利率者。這樣，利率的調節也不能保證借貸資金市場的及時均衡。市場機制的調節不能保證永遠實現充分就業均衡，這就必然出現週期性經濟波動。

　　總之，內生經濟週期理論強調市場機制調節的不完善性，是經濟中出現週期性波動的原因，這就成為國家干預經濟的理論依據。

13.3 來自外部的衝擊

外生經濟週期理論強調外部衝擊是引起經濟中週期性波動的關鍵因素。二十世紀初期，瑞典經濟學家卡塞爾和德國經濟學家用新發明、新市場開闢等非經濟因素，說明投資增加引起經濟結構失調和波動，稱爲非貨幣投資過度理論，屬於外生經濟週期理論。英國經濟學家傑文斯父子用太陽黑子的爆發解釋週期性波動的太陽黑子論，美國經濟學家熊彼特用創新解釋經濟波動的創新週期理論，都屬於外生經濟週期理論。

自從凱因斯主義出現之後，外生經濟週期理論衰落了，但二十世紀八〇年代之後實際經濟週期理論的出現使外生經濟週期理論又得以復興。

提出實際經濟週期理論的經濟學家，屬於反對凱因斯主義國家干預的新古典宏觀經濟學。他們認爲，貨幣在經濟中是中性的，即只影響名義變數（價格、名義利率等），而不影響實際變數（產量、就業等）。以實際GDP波動爲中心的經濟週期不會是貨幣引起的，是實際因素所引起的。同時，他們堅持新古典經濟學的市場出清假說，即市場機制調節可以自發地實現供求均衡與充分就業。換言之，在市場機制調節之下，經濟的運行是正常的，不會有什麼因素引起經濟中的週期性波動。這樣，經濟波動的原因就來自經濟體系外部的實際因素，即來自外部的衝擊。正是這種來自外部的衝擊破壞了市場機制的調節作用和經濟運行的正常狀態，引起週期性波動。

傳統經濟週期理論都認爲經濟波動是實際GDP與潛在GDP

的背離。潛在GDP是GDP的自然率，即正常情況下的GDP增長率，因此，經濟波動是GDP對其自然率的背離。根據這種觀點，自然率是穩定的，實際GDP是波動的。實際經濟週期理論的經濟學家研究了美國的資料，發現存在GDP隨機遊走的現象。這種GDP的隨機遊走就構成週期性波動。他們提出，實際GDP的波動是其自然率的波動，而不是實際GDP與其自然率的背離。引起自然率波動的正是來自經濟體系之外的真實衝擊。

來自外部的衝擊既有對總需求的衝擊，也有對總供給的衝擊，還有對這兩者的衝擊。這些衝擊既有有利的衝擊引起經濟繁榮，如技術進步、資本和勞動質量的提高；也有不利的衝擊引起經濟衰退，如自然災害、政治動亂、石油價格上升、政府政策失誤、國際經濟中的不利變動（東南亞金融風暴）。這些衝擊是引起波動的直接原因，它透過經濟體系內的傳導機制而引起波動本身。

我們以技術進步的衝擊來說明經濟波動的發生。實際經濟週期理論強調技術進步的本質在於不穩定性。這就是說，技術不是以一種不變的比率在進步，而是有技術發生突破性進步的時期，也有進步緩慢甚至停滯的積累時期。技術進步影響生產率和潛在GDP，技術進步的不穩定性使生產率增長和潛在GDP增長也是不穩定的，這就形成經濟中的週期性波動。

假設技術進步發生了一次重大突破（例如個人電腦的出現與普及），提高了生產率，並引起投資增加，這就使經濟的生產能力大幅度提高，潛在GDP（即GDP的自然率）提高，引起經濟繁榮。但當這種技術突破普及之後，生產率保持不變，投資無法再增加，經濟就表現出衰退（與繁榮時相比）。有一次重大的技術突破，不可能連續有若干次技術突破。技術進入積累時

期，對經濟不再有這種刺激性作用，只有在下一次技術突破時才會出現繁榮。技術總是間斷地出現突破，經濟中繁榮與衰退的交替也就成爲正常的。

在經濟中技術突破是透過市場機制的調節作用而引起波動的，其傳導機制的作用在於市場機制的完善性。在市場經濟中，人是理性的，以個人效用的最大化爲目標，從而能根據相關資訊作出理性決策。當出現一種重大的技術突破時，人們會迅速抓住這個機會，進行投資。因爲市場機制是完善的，價格具有完全伸縮性，會及時作出反應。投資增加引起投資品價格上升，投資品生產部門生產增加。這種刺激最終在經濟中擴散，帶動了經濟發展，並由於價格的調節在新的水平時實現了充分就業均衡。這時生產率提高，潛在GDP達到更高水準，經濟進入繁榮。

在實際經濟週期理論中，價格和工資是完全有伸縮性的，這就保證了物品與勞動市場的均衡。在勞動市場上工資完全有伸縮性保證了均衡的一種機制，是勞動與閒暇的跨時期替代。這就是說，勞動者作爲一個理性的人，會對實際工資的變動作出及時的反應。當實際工資較高時，他們用勞動替代閒暇；當實際工資較低時，他們用閒暇替代勞動。勞動者根據他們的偏好和能夠得到的機會選擇失業（閒暇）和就業（勞動）。勞動者把技術進步的衝擊作爲暫時的，認爲實際工資的上升也是暫時的，這就引起他們用工作代替閒暇，使勞動供給增加，適應了經濟繁榮的需要。勞動市場的供求由於實際工資的調節仍然是均衡的，也實現了充分就業。

經濟學家對於實際經濟週期理論仍有爭論，但這種理論強調了外部衝擊的重要性，尤其是技術進步的作用，無疑是有意

義的。

經濟學家對經濟週期的研究已經有一百多年了，但至今也沒有一致的結論。經濟週期的特點在變，經濟週期理論也在變。

16. 宏觀經濟政策

利用無形貨幣的私人企業經濟需要被穩定、能夠被穩定，從而應該借助於適當的財政貨幣政策來加以穩定。

——弗朗科·莫迪利安尼

此圖摘自《探求智慧之旅》

　　弗朗科·莫迪利安尼（Franco Modigliani, 1918-　），著名的凱因斯主義經濟學家，1985 年獲諾貝爾經濟學獎。他在消費函數理論和企業金融理論兩個不同領域，都作出了開創性貢獻。作爲凱因斯主義者，他主張國家干預經濟，我們所引用的這段話代表了他的這種思想。

人們把價格稱為調節經濟的「看不見的手」,把政府對經濟的調節稱為「看得見的手」。政府對經濟的調節包括微觀經濟政策和宏觀經濟政策。宏觀經濟政策以宏觀經濟理論為依據,透過對經濟總量的調控來實現整體經濟的穩定。儘管凱因斯在二十世紀三〇年代就提出了國家干預經濟的主張,但各國政府自覺而普遍地運用宏觀經濟政策來穩定經濟是在二戰之後。綜觀戰後國家干預經濟的歷史,儘管也有許多失誤,引起過不少問題,但國家對經濟的調節仍然是利大於弊,與戰前相比,戰後的經濟更為穩定與繁榮,這部分要歸功於國家的宏觀經濟政策。研究宏觀經濟政策成為宏觀經濟學的一個主要內容,甚至已經形成了較為獨立的宏觀經濟政策學這門學科。我們就以宏觀經濟政策作為宏觀經濟學部分的結束。

16.1 逆經濟風向行事

宏觀經濟政策的總目標是實現整體經濟穩定。就國內而言,經濟穩定包括充分就業、物價穩定、減緩經濟週期以及經濟增長。就國際而言,還應包括匯率穩定和國際收支平衡。這裡我們重點介紹國內的目標,國際目標將在以下的國際經濟學部分介紹。

充分就業並不是人人都有工作,實現充分就業是消滅總需求不足引起的週期性失業,但仍然存在自然失業。各國根據自己的實際情況確定自己的自然失業率,只要失業率降至這個自然率,就是實現了充分就業。在充分就業這一問題上,經濟學家的爭論在於自然失業率有多高,以及如何確定。

對於什麼是物價穩定，經濟學家的認識是有分歧的，一些經濟學家認為，物價穩定就應該實現零通貨膨脹率，這種狀況最有利於經濟發展。另一些經濟學家認為，物價穩定並不是零通貨膨脹率，而是保持一種溫和的通貨膨脹，即低而穩定的通貨膨脹。因為實現零通貨膨脹率要付出的代價太高，而且溫和的通貨膨脹還可以作為一種潤滑劑，有利於經濟更好地發展。在現實中各國都關注物價穩定，但目標並不是零通貨膨脹，而是低而穩定的通貨膨脹。例如：美國二十世紀九〇年代柯林頓政府時期年通貨膨脹率保持在2％左右，就被認為是實現了物價穩定。還應該指出，實現物價穩定不僅要消除通貨膨脹，而且也要防止通貨緊縮，因為通貨緊縮同樣不利於經濟正常運行。

經濟週期是經濟中一種難以克服的現象，繁榮與衰退的交替不可避免。經濟政策的目標不是消滅這種週期性波動，而是使其波動的程度減小。這就是說，在經濟繁榮時，政策應不使這種繁榮成為過熱，以免引發通貨膨脹加劇的壓力；在經濟衰退時，政策應盡快結束這種狀況，以免使失業加劇。換言之，就是要減緩經濟週期的波動幅度。

經濟增長是一個經濟長期潛力的提高，即潛在GDP的增加，這種增加要受到資源和技術狀態的制約。各國都把增長作為目標，但這種增長不是越高越好，而是適度的增長率。這種增長率既要考慮到資源與技術的限制，又要考慮環境保護與生態平衡，實現可持續的增長。增長是一種長期目標，要從長期的角度來考慮。

這些宏觀經濟政策在短期內最重要的，是充分就業與物價穩定。正如我們在宏觀經濟理論中分析的，短期中決定宏觀經濟狀況的是總需求與總供給，因此宏觀經濟政策工具應該是需

求管理與供給管理。在現實中,各國也有降低自然失業率、刺激總供給的政策,但因為宏觀經濟調節更注重於短期問題,在短期中總需求更為重要,因此,宏觀經濟政策的重點是需求管理。

　　根據宏觀經濟理論分析,當總供給為既定,且實現了充分就業水平時,經濟的狀況就取決於總需求,因此,需求管理就是透過對總需求的調節,實現總需求與總供給相等,從而達到充分就業與物價穩定,當總需求小於總供給時,經濟衰退,存在失業,這時就要採用刺激總需求的擴張性政策。當然需求大於總供給時,經濟繁榮,存在通貨膨脹,這時就要採用抑制總需求的緊縮性政策。需求管理的這種作法稱為「逆經濟風向行事」。

　　需求管理的工具主要是財政政策和貨幣政策,以下我們主要介紹這兩種政策。

16.2 自動穩定器

　　財政政策並不是現代社會中才有的,只要有國家,就有財政政策。但在三〇年代凱因斯主義出現之後,財政政策發生了質的變化。

　　只要有國家,有政府,就有許多必須的支出,傳統財政政策的任務就是為政府的各種支出籌資,能夠實現收支平衡則是財政政策的最高原則。在凱因斯主義出現之後,為政府支出籌資仍然是財政政策的任務之一,但調節經濟實現穩定成為財政政策的主要任務,財政政策就是運用政府稅收和支出來調節經

濟。

　　政府的稅收有多種多樣，服務於不同目的，例如：美國社會保障稅（工薪稅）主要爲社會保障提供資金，財產稅和遺產稅的目的是糾正收入分配不平等的狀況，銷售稅更多地是爲地方政府籌資。在各種稅收中影響宏觀經濟狀況的，主要是個人所得稅和公司所得稅。個人所得稅影響個人收入，從而影響消費。公司所得稅影響公司收入，從而影響投資。這兩種稅收影響總需求。政府的支出中影響宏觀經濟的包括政府購買、政府公共工程支出和轉移支付。政府購買影響私人投資，政府公共工程本身就是投資。轉移支付是政府不以換取物品與勞務爲目的的支出，例如各種社會保障支出。轉移支付影響個人收入，從而影響消費。

　　政府改變稅收（提高或降低稅率或改變稅種）和支出來調節經濟。在衰退時期，政府採用擴張性財政政策，即降低稅率增加支出。減少個人所得稅增加了個人稅後收入，增加了消費；減少公司所得稅增加了公司稅後收入，增加了投資；增加政府購買刺激了私人投資；增加公共工程支出直接增加了投資；增加轉移支付增加了低收入者的收入、增加了消費。這樣，總需求增加使經濟走出衰退。在繁榮時期爲了防止經濟過熱引發通貨膨脹，政府採用緊縮性財政政策，即增稅與減少支出，其作用與減稅和增加支出相反。

　　在實際運用中，財政政策作用的大小取決於乘數效應和擠出效應。無論是政府支出還是稅收都會影響總需求，而總需求的變動對實際GDP有乘數效應，即實際GDP的變動要大於財政政策變動所引起的總需求變動。乘數效應的大小主要取決於邊際支出傾向（即增加的支出在增加的收入中所占的比例）。乘數

效應對財政政策的作用有放大作用。擠出效應是指政府支出的增加擠出了私人投資，這是因為政府支出增加了實際GDP，實際GDP增加使貨幣需求增加，在貨幣供給不變的情況下，這就使利率上升，利率上升減少了私人投資，從而產生擠出效應。擠出效應對財政政策的作用有縮小作用。財政政策對宏觀經濟的整體影響取決於乘數效應和擠出效應。在一般情況下乘數效應大於擠出效應，因此，財政政策能起到調節經濟的作用。

從現實情況來看，各國在運用財政政策時往往是緊縮性財政政策少，擴張性財政政策多。這是因為一來政府更多的時候是希望刺激經濟較快地發展，二來是提高稅收和減少支出在政治上有困難，容易招致反對。在採用擴張性財政政策時，稅收減少而支出增加，必然引起財政赤字。政府為赤字籌資的方式是發行公債。但公債賣給誰，決定了籌資方式的不同。如果政府把債券賣給中央銀行，稱為貨幣籌資，因為中央銀行要把政府債券作為準備金來發行貨幣，政府以這種貨幣來彌補赤字。這種作法等於增加流通中的貨幣量，從而會引發通貨膨脹。美國六○年代採用赤字財政刺激經濟，赤字大量增加是引發二十世紀七○年代高通貨膨脹的重要原因之一。但政府採用這種作法時可以不支付利息，從而減少了債務負擔。如果政府把債券賣給個人與企業，稱為債務籌資，等於政府向公眾借債，債券就是借債的憑證。這時流通中的貨幣量不會增加，只是在政府與公眾之間的再配置，因而不會直接引發通貨膨脹。但政府要向公眾還本付息，從而加重了財政債務負擔。同時，由於把公眾的部分支出轉歸政府，也會有擠出私人支出的作用。

凱因斯本人是主張實行赤字財政的，認為這種作法有利於刺激經濟，而且，因為債務人是政府、債權人是公眾，兩者根

本上利益一致，政府的信用保證了債務不會引起債務危機。但在二十世紀五〇年代，各國對赤字財政仍持謹慎態度。美國在二十世紀五〇年代仍奉行交替擴張與緊縮的補償性財政政策，追求在較長時期中財政收支平衡。二十世紀六〇年代甘迺迪政府上臺後才開始實行大規模的赤字財政政策。

對於赤字財政政策的是是非非，經濟學家的意見也頗不一致。樂觀者認為，赤字財政有利於刺激經濟，經濟發展，實際GDP增加也就是稅基增加，從而赤字的償還是有保證的。二十世紀八〇年代的供給學派就持這種觀點，雷根政府的大幅度減稅計畫正是以此為依據的。儘管這種赤字政策的確刺激了經濟，但稅收並沒有像預期的那樣大幅度增加，從而使赤字大大增加，因此，許多經濟學家把供給學派經濟學稱為「伏都教（一種邪教）經濟學」。他們認為，一方面赤字財政不可能總用債務籌資。因為公債發行過多會引起公眾拒絕購買，以及政府債務過重，一旦轉向貨幣籌資，就會引發通貨膨脹。另一方面，從長期來看一國經濟的增長取決於投資，投資來自儲蓄，一國的國民儲蓄等於私人儲蓄與公共儲蓄之和，公共儲蓄就是政府財政盈餘。赤字增加，減少了公共儲蓄和國民儲蓄，對長期經濟增長不利。何況運用赤字財政政策使一國債務負擔沉重，引起財政困難，從而使經濟陷入不斷依靠赤字財政的惡性循環。正因為如此，二十世紀九〇年代克林頓政府把減少赤字、減少財政債務、實現當年財政收支平衡作為宏觀經濟政策目標之一。

現代大多數經濟學家的共識是，赤字財政不是不可以用，尤其是在嚴重的衰退時期，用赤字財政來刺激經濟儘快走出谷底也是必要的。但不能把赤字財政作為長期刺激經濟的手段。

從長期來看，經濟還要力爭實現收支平衡。

以上所介紹的財政政策是一種相機抉擇的政策，即根據經濟狀況採用擴張或緊縮政策。這種政策要由政府與議會共同決定，是一種積極性政策。但財政政策由於本身的特點還有一種自發地根據經濟形勢調節的機制。這種不用政府相機抉擇，可以自發地調節經濟的機制稱為自動穩定器。

屬於財政政策自動穩定器的內容主要有個人所得稅、公司所得稅和轉移支付。這些財政政策有固定的標準，這種標準並不隨經濟狀況而變動，從而可以自發地調節經濟。以個人所得稅為例，有固定的起徵點和稅率。在經濟繁榮時，人們的收入普遍增加，達到起徵點的人和稅率進入更高標準的人增加了，這就等於稅收自動增加了。這種稅收的增加無需政府採用任何措施，是自動發生的，但它有利於抑制收入和消費的增加，從而抑制了總需求的增加，有助於抑制經濟過熱，起到一定的穩定作用。相反的，在經濟衰退時，人們的收入普遍減少，達到起徵點的人和稅率降至較低標準的人增加了，這就等於稅收自動減少了。這種稅收的減少也無須政府採用任何措施，是自動發生的，但它有利於抑制收入和消費的減少，從而抑制了總需求的減少，有助於減少衰退的程度，起到一定的穩定作用。公司所得稅也有固定起徵點與稅率，轉移支付有固定的支付標準，也能像個人所得稅一樣自動起到穩定經濟的作用。

當然，自動穩定器的作用是有限的，在經濟繁榮時，它只能減少經濟過熱的程度，而不能改變過熱的總趨勢。同樣，在經濟衰退時，它只能減少經濟衰退的程度，而不能改變衰退的總趨勢。所以，僅僅依靠自動穩定器是不夠的，尤其是在經濟嚴重衰退和過熱時，要較快地改變這種經濟趨勢還離不了相機

抉擇的財政政策。但許多經濟學家還是相當重視財政政策的自
動穩定器作用的。

16.3 葛林斯班的成功

　　我們在報紙上可以經常看到美聯儲主席葛林斯班宣布提高
或降低聯邦基金利率，這種利率變動對美國經濟有舉足輕重的
影響。也正因為如此，葛林斯班被稱為美國僅次於總統的第二
號人物。葛林斯班所作的正是運用貨幣政策來調節經濟。

　　貨幣政策是由中央銀行決定並實施，透過調節貨幣量和利
率來影響整體經濟的政策。如果說財政政策是直接作用於總需
求的政策，那麼，貨幣政策則是間接作用於總需求的政策。貨
幣政策的傳導機制是貨幣量影響利率，利率影響投資，從而影
響總需求和整個經濟。在這種傳導機制中，最終目標是總需
求，中間目標是利率，政策工具是貨幣量。根據凱因斯主義貨
幣理論，利率由貨幣供求決定，在貨幣需求為不變時，利率取
決於貨幣供給，即貨幣供給增加，利率下降；貨幣供給減少，
利率上升。根據投資函數，利率與投資反方向變動，利率下
降，投資增加；利率上升，投資減少。投資作為總需求的一個
重要組成部分而影響總需求。

　　在這種貨幣政策傳導機制中，貨幣供給量的變動至關重
要，而貨幣供給量是中央銀行可以直接控制的。如前所述，中
央銀行直接控制的是基礎貨幣量，而流通中貨幣供給量的變動
還要取決於商業銀行的創造貨幣的機制。中央銀行還可以影響
商業銀行創造能力的大小，即貨幣乘數。因此，中央銀行實際

上就能控制流通中的貨幣量。中央銀行控制貨幣量的工具是公開市場活動、貼現率政策和準備率政策。

公開市場活動是中央銀行在金融市場買賣政府債券。中央銀行正是透過這種活動來調節基礎貨幣量。當中央銀行買進政府債券時就向賣者進行支付，這樣就相當於發行貨幣，增加了基礎貨幣量。例如：當中央銀行從金融市場上買進100億元政府債券時，就向賣者（個人或企業）支付了100億元貨幣。這100億元就是新增加的基礎貨幣量。這種基礎貨幣投入流通中後，透過商業銀行創造貨幣的機制，而使流通中的貨幣量成倍增加。同樣，當中央銀行在金融市場上賣出債券時，買者（個人或企業）要向中央銀行進行支付，這就相當於回籠貨幣，減少了基礎貨幣量。這種基礎貨幣減少又透過商業銀行創造貨幣的相反作用，使流通中的貨幣量成倍減少。在現實中，這是各國中央銀行運用最多的調節貨幣量的工具，也是最重要的貨幣政策工具。

貼現率是商業銀行向中央銀行貸款的利率。貼現率影響商業銀行能從中央銀行得到的貸款的多少，從而就影響商業銀行所能創造出的貨幣量多少。例如：當貼現率爲10％時，商業銀行以貼現方式向中央銀行貸款10億元可以得到9億元貨幣（1億元作爲利息扣下）。如果貨幣乘數爲3，則商業銀行可以創造出貨幣27億元。當貼現率降爲5％時，商業銀行以貼現方式向中央銀行貸款10億元可以得到9.5億元。如果貨幣乘數仍爲3，則商業銀行可以創造出貨幣28.5億元。所以說，中央銀行降低貼現率增加了流通中貨幣供給量，中央銀行提高貼現率減少了流通中貨幣供給量。此外，貼現率作爲一種利率也會引起其他利率同方向變動。

　　準備率又稱法定準備率，是中央銀行規定的商業銀行在所吸收存款中必須作爲準備金留下的比率。準備金可以作爲商業銀行的庫存現金，也可以存入中央銀行。中央銀行要求商業銀行保留準備金，是爲了避免商業銀行現金短缺時出現的擠兌風潮，及由此引發的銀行破產。正如我們在以前所介紹的，商業銀行創造貨幣的貨幣乘數是法定準備率的倒數。當基礎貨幣量不變時，準備率越低，貨幣乘數越大，商業銀行所能創造的貨幣也越多；準備率越高，貨幣乘數越小，商業銀行所能創造的貨幣也越少，因此，降低準備率可以增加貨幣供給量；提高準備率可以減少貨幣供給量。現在由於各國的準備率都不高，所以，這種政策工具並不經常使用。

　　運用貨幣政策調節經濟的具體作法是，當經濟繁榮時，中央銀行採用緊縮性貨幣政策，即在金融市場上賣出政府債券，提高貼現率和準備率，減少貨幣供給量，提高利率，減少投資，抑制總需求。當經濟衰退時，中央銀行採用擴張性貨幣政策，即在金融市場上買進政府債券，降低貼現率和準備率，增加貨幣供給量，降低利率，增加投資，刺激總需求。

　　當然，各國中央銀行在運用貨幣政策調節經濟時，具體作法也並不完全相同。以美國爲例，決定貨幣政策的是美聯儲的公開市場委員會。該委員會每六週開一次會（遇緊急情況時隨時開會），根據經濟狀況來決定貨幣政策。其作法是首先確定提高還是降低聯邦基金利率（商業銀行相互拆借的利率，也是美聯儲貨幣政策所要調節的利率），然後根據所要達到的目標，決定在金融市場買賣政府債券的數量，透過貨幣量的調節來達到這一目標利率。例如：該委員會爲了防止即將出現的經濟衰退，決定採用擴張性貨幣政策，把聯邦基金利率降低0.5個百分

點（這一決定通常由葛林斯班宣布），爲了實現這個目標，該委員會通知紐約聯邦儲備銀行在紐約證券市場上買進一定量政府債券，這就增加了基礎貨幣量，並透過商業銀行創造貨幣的機制而使流通中的貨幣供給量增加。貨幣供給量的增加會使聯邦基金利率下降到預定目標。由於可以運用經濟計量模型，算出達到既定的利率目標需要貨幣供給變動多少，以及貨幣乘數的數值，所以，確定了利率目標就可以知道需要買賣多少政府債券，即增加多少基礎貨幣。應該說，美聯儲在運用貨幣政策時是相當熟練的，這是美國經濟成功的重要保證之一。葛林斯班自從1987年上任以來，連續四屆由雷根、老布希和柯林頓任命爲美聯儲主席，證明了由他領導的美聯儲貨幣政策的成功。

以上所介紹的是凱因斯主義的貨幣政策，但不同的國家在不同的時期還採用過另一種貨幣政策——貨幣主義的貨幣政策。貨幣主義者強調，貨幣政策的目標不在於透過利率調節投資與總需求，而在於穩定物價。物價水平由貨幣供給量決定，因此，穩定物價就要穩定貨幣供給量。他們提出簡單規則的貨幣政策，即無論經濟繁榮還是蕭條，總保持按一個固定比率增加貨幣供給量。只要穩定了物價，經濟就可以由市場機制調節實現充分就業均衡。這種以穩定物價爲目標的貨幣政策也是貨幣中性的政策，即不利用貨幣量來調節經濟，不使貨幣影響實際變數，只利用貨幣政策來穩定物價。英國二十世紀八〇年代的柴契爾夫人政府和美國二十世紀八〇年代的雷根政府都用這種政策來穩定物價，並取得了成功。根據經濟學家的研究，中央銀行越獨立，越關心物價穩定，從而該國通貨膨脹率越低，現在許多國家的中央銀行都更加重視使貨幣政策中性化，成爲物價穩定的基礎。因爲經驗證明，反通貨膨脹的代價是巨大

的，甚至以貨幣政策調節經濟成功的美聯儲也越來越關注這一問題。這種趨勢值得關注。

16.4 反饋規則與固定規則

當代宏觀經濟學中的兩大流派──新凱因斯主義和新古典宏觀經濟學，對短期宏觀經濟中各種問題的認識，存在一種根本性分歧。新凱因斯主義認為，各種宏觀經濟問題的存在，源於市場機制調節的不完善性。新古典宏觀經濟學認為市場機制的調節無論在長期還是短期中都是完善的，各種宏觀經濟問題的存在源於外部衝擊或政府錯誤的干預。由此也就得出了不同的政策結論：新凱因斯主義認為短期中應該用政府調節來彌補市場調節的不完善性，新古典宏觀經濟學認為，即使在短期中也無須由政府調節。這種分歧體現在許多問題上。其中最重要的爭論之一就是宏觀經濟政策應該遵循相機抉擇的反饋規則，還是以不變應萬變的固定規則。

凱因斯主義是主張運用經濟政策來實現穩定的。受凱因斯主義影響在1946年通過的美國「就業法案」就規定，「促進充分就業和生產……是聯邦政府一貫的政策和責任」。這個規定的含義是經濟政策要對經濟中的變動作出反應，以便穩定經濟。新凱因斯主義繼承了這種基本精神，認為在短期中要運用政策調節經濟。這種調節就是在衰退時採用擴張性財政與貨幣政策，而在繁榮時採用緊縮性財政與貨幣政策。這種逆經濟風向行事，及時對經濟變動作出反饋的相機抉擇政策，就是反饋規則。

　　反對這種反饋規則的經濟學家認為，如果決策者能掌握充分資訊，作出正確預測，並根據這種預測作出反饋，當然是好的。問題在於現在採取的政策在未來才發生作用，如果預測錯誤，作出的決策不符合未來的實際情況，政府不僅不能穩定經濟，反而會成為經濟不穩定的根源。之所以存在這種情況就是因為政策的效應有時滯。

　　政策效應的時滯指從認識到要採取政策，到政策發生作用之間的時間間隔。這種時滯分為作出決策的內在時滯與政策發生作用所需要的外在時滯。一般說來，財政政策由於決策過程時間長，內在時滯也長，但一旦作出決策付諸實施，可以立即發生作用，外在時滯短；貨幣政策由中央銀行獨立作出決策，內在時滯短，但它透過利率發生作用，一般需要在決策後六至九個月才能見效，外在時滯長。任何一種宏觀經濟政策都有時滯，這就使反饋規則無法起到應有的作用，甚至會引起更加不穩定的作用。

　　例如：決策者根據預期，認為在六個月後經濟會出現一次衰退，因而決定採用擴張性財政或貨幣政策。但在作出決策並付諸實施之後，經濟中由於某種未預期到的因素（例如世界經濟繁榮帶動了出口增加），經濟已自動進入了繁榮，實現了充分就業，而這時擴張性政策發生作用，反而會使經濟過熱，引發通貨膨脹。既然經濟學無法對未來作出正確的預測，就不如不對經濟變動作出反應，而是依靠市場機制本身的調節來實現充分就業。這個過程需要的時間也許長一點，但比採用政策要好。這時應該防止經濟政策成為不穩定的根源。政策就應該以不變應萬變，即對經濟的變動不作出反應，無論經濟如何變動，政策規則都不變，這就是固定規則的政策。例如保持貨幣

供給增長率不變的貨幣政策，就是這種政策。

新古典宏觀經濟學是主張固定規則的。他們還強調，人能作出理性預期，只要政府把政策的固定規則告訴人們，讓人們作出理性預期，並以此行事，經濟就是穩定的。政府用反饋規則，隨機地改變政策是以欺騙人民來發生作用的。但在長期中人們終究要作出正確預期，從而這種政策不起作用，只會加劇經濟的不穩定性。對外部衝擊引起的經濟波動也要靠市場機制調節來恢復均衡。運用政策來消除外部衝擊，政策本身也會成為引起不穩定的根源之一。在對經濟難以作出正確預期時，採用某種政策如同醫生沒弄清病情就開處方一樣，會危害病人。

新凱因斯主義者也承認新古典宏觀經濟學所指出的種種問題，但他們認為，儘管長期中經濟會依靠市場機制恢復均衡，但所需時間太長。比方說要三至四年，在這一時期內這些問題會使人民無法忍受。而且，從戰後的歷史看，儘管政策有失誤，但總體上還是有積極作用的。應該努力減少政策失誤，而不是不用政策調節經濟。

從現實來看，各國並沒有放棄用宏觀經濟政策來調節經濟，只不過是從過去的失誤和經濟學家（特別是新古典宏觀經濟學家）的批評中不斷改進政策，使之更有利於經濟的穩定。

17. 國際貿易

　　在商業完全自由的制度下，各國都必然把資本和勞動用在最有利於本國的用途上。這種個體利益的追求很好地和整體的普遍幸福結合在一起。由於鼓勵勤勉、獎勵智巧、並有效的利用自然所賦予的各種特殊力量，使勞動得到最有效和最經濟的分配；同時，由於增加生產總額，使人們都得到好處，並以利害關係和相互交往的共同紐帶把文明世界各民族結合成一個統一的社會。正是這一原理，決定葡萄酒應在法國和葡萄牙釀製，穀物應在美國和波蘭種植，金屬製品及其他商品則應在英國製造。

——大衛‧李嘉圖

　　大衛·李嘉圖（David Kicardo, 1772-1823），原本是成功的股票經濟人，27歲時偶爾讀到斯密的《國富論》而對經濟學產生興趣，並成為英國偉大的古典經濟學家。他的著作《政治經濟學及賦稅原理》是《國富論》後的又一本經典。他的許多理論都是在當時圍繞政策的爭論中形成的。比較優勢理論就是圍繞議會是否取消《穀物法》的爭論形成的，主旨是要求取消《穀物法》，實行自由貿易。比較優勢理論現在仍然是國際貿易理論的基礎。

　　李嘉圖的上一段話論述了著名的比較優勢原理，這個原理奠定了自由國際貿易的理論基礎，促進了世界經濟的繁榮。世界正是沿著李嘉圖再近兩百年前指出的路，實現著全球經濟的一體化。今天在各國經濟日益開放的情況下，經濟學自然也要走出一國，研究各種國際經濟問題。這正是本書後三章的中心。

　　各國經濟的聯繫是透過物品市場、勞動市場和資本市場的一體化實現的。本章論述各國物品市場的聯繫，即國際貿易問題。

17.1 過去與現在

　　早在遠古時期人類就有了分工，貿易則是分工的必然結果。人類的天性是利己的，貿易使每個參與者都獲得了利益。互惠的貿易也是人類利己本性的延伸。當貿易從地區間擴大到國家之間時，就有了國際貿易。

　　歐洲遠在古希臘、古羅馬時就有國際貿易，地中海沿岸各國之間的貿易使這一帶成為世界上最早的發達地區。在中國，絲綢之路成為中外貿易的見證，正是這種貿易使漢朝和唐朝成為繁榮的大國。當然，從現在來看，這些只能算國際貿易的胚胎時期。真正的國際貿易還是資本主義出現之後。如果說西元十世紀到十二世紀的十字軍東征促進了東西方交流，那麼，十五世紀末到十六世紀中期的地理大發現，和十八世紀的產業革命才給世界貿易帶來了強大刺激。馬克思和恩格斯在《共產黨宣言》中描述國際貿易與資本主義發展的這個共生過程：「大

工業建立了由於美洲的發現所準備好的世界市場。世界市場使商業、航海業和陸路交通得到了巨大的發展。這種發展又反過來促進了工業的擴展，……不斷擴大產品銷路的需要，驅使資產階級奔走於全球各地。它必須到處落戶，到處創業，到處建立聯繫。資產階級，由於開拓了世界市場，使一切國家的生產和消費都成為世界性的了。……這些工業所加工的，已經不是本地的原料，而是來自極其遙遠的地區的原料」、「它們的產品不僅供本國消費，而且同時供世界各地消費。舊的、靠國產品來滿足的需要，被新的、要靠極其遙遠的國家和地帶的產品來滿足的需要所代替了。過去那種地方的和民族的自給自足和閉關自守狀態，被各民族的各方面的互相往來和各方面的互相依賴所代替了。物質的生產是如此，精神的生產也是如此。」馬克思和恩格斯在一百五十多年前所描述的情況現在正在一步步實現。

產業革命之後國際貿易有了迅速發展，但國際貿易真正突飛猛進的發展是在二戰之後，在過去的五十餘年中，世界出口貿易總額增長了十幾倍，現在已很難找到一件真正意義上的民族工業產品了。

綜觀國際貿易的發展過程，它有什麼新特點，又告訴我們些什麼呢？

如果說二戰之前的國際貿易主要是互通有無的多，即工業國與農業國製成品與初級產品的貿易，或出口自己豐富而進口自己短缺的物品的貿易，或不同製成品之間的貿易，那麼，戰後的貿易則呈現出一些顯著特點。首先是發達國家之間相同產品，尤其是相同製成品的貿易大大增加，例如：美國、歐洲和日本都生產汽車，但它們之間汽車的貿易量仍然相當大。其

次，在國際貿易中各國的生產結構發生重大變化，發達國家的製造業逐漸向發展中國家轉移，即使是原有的製造業也出現了新特點。例如美國的汽車製造仍然在發展，但許多汽車零件都從國外進口，福特牌伊斯柯特型汽車的零件就來自十五個國家。這種變化使美國的汽車製造業向汽車組裝業發展，增加了汽車業內的國際貿易量，也爲其他國家汽車專業的發展提供了機會。最後，在國際貿易中無形貿易，即勞務的大大增加，如航運、保險、金融服務、旅遊等在國際貿易中的比例顯著提高，而且增長最快。戰後國際貿易的新特點是研究國際貿易的出發點。

從歷史的角度看，總的趨勢是向自由貿易的方向發展。事實證明，自由貿易有利於各國的共同繁榮，而保護貿易則都受其害。二十世紀三〇年代大蕭條時期，各國都想以保護貿易來使自己擺脫危機，美國的關稅總水平提高了50％，最高關稅達70％，其他國家也與此類似，結果這反而加重了各國的蕭條程度。現在許多國家的關稅降至3％到4％，整個世界經濟卻更加繁榮。戰後的事實還證明，那些堅持閉關自守或自力更生的國家，經濟無一獲得成功。例如改革前的中國、現在的北韓。而那些堅持開放，融入世界經濟中大出大進的國家與地區，例如巴西、新加坡、韓國、中國香港和臺灣等新興工業化國家與地區迅速擺脫了貧困，走上繁榮之路。中國大陸二十餘年來的成就，也與向世界開放和國際貿易的迅猛發展相關。

只有開放才有繁榮，這應該是人所共知的眞理，但貿易自由化之路並不平坦。直至現在爲止，貿易戰與保護貿易仍然相當嚴重。無論是發達國家之間，發達國家與發展中國家之間，或者發展中國家之間，都在發生或大或小的貿易戰。保護主義

成為一股全球一體化中的逆流，甚至連美國這樣以自由貿易立國的大國，也屢屢採取保護貿易的政策。國際貿易中自由化與保護主義的交替，成為各國貿易政策的特徵，也是當代國際貿易中一種值得關注的趨勢。

我們用什麼理論來解釋這些現象呢？

17.2 A國的汽車與B國的糧食

最早論證國際貿易對各國有利的是英國經濟學家亞當·斯密的絕對優勢理論，即兩個國家能從貿易中獲益，是因為各國都有生產率絕對高於對方的產品。但不久這種理論就被另一位英國經濟學家大衛·李嘉圖的比較優勢理論所取代。這種理論認為，即使一個國家任何產品生產的生產率都絕對低於另一個國家，這兩個國家的貿易仍然對雙方有利。因為各國必定有自己的比較優勢。新古典經濟學家用機會成本的概念解釋了比較優勢。

什麼是比較優勢呢？我們知道，任何一個國家資源都是稀缺的，生產某種產品一定要放棄其他產品的生產，放棄的其他產品量就是生產某種產品的機會成本。如果一國生產某種產品的機會成本低於另一國家，那麼，這個國家在生產這種產品時就有比較優勢。任何一個國家都會在某種產品的生產上具有比較優勢，從而國際貿易能給各國都帶來好處。比較優勢的存在正是國際貿易的基礎。

我們用一個具體例子來說明這一點。假設A、B兩國都生產汽車和糧食，如果A國把全部資源（勞動）用於生產自己消

費的汽車和糧食，A國生產一輛汽車需要1萬小時，生產一噸糧食需要500小時。這樣，生產一輛汽車就要放棄20噸糧食，生產一噸糧食要放棄0.05輛汽車，即生產一輛汽車的機會成本是20噸糧食，生產一噸糧食的機會成本是0.05輛汽車。A國的資源共1億小時，生產汽車和糧食各用5000萬小時，生產汽車5000輛，糧食10萬噸。B國也把全部資源（勞動）用於生產自己消費的汽車和糧食。B國生產一輛汽車需要9000小時，生產一噸糧食需要300小時。這樣，生產一輛汽車就要放棄30噸糧食，生產一噸糧食要放棄0.033輛汽車，即生產一輛汽車的機會成本是30噸糧食，生產一噸糧食的機會成本是0.033輛汽車。B國的資源共1.8億小時，生產汽車和糧食各用9000萬小時，生產汽車1萬輛，糧食30萬噸。如果兩國之間沒有國際貿易，它們各自的汽車和糧食產品也就是消費量，消費受資源及生產可能性的限制。

　　從上例看出，B國生產汽車和糧食所用的勞動時間都少於A國，即生產率高於A國。換言之，B國在這兩種產品的生產上都具有絕對優勢。但各國都有自己的比較優勢。A國生產一輛汽車的機會成本爲20噸糧食，B國生產一輛汽車的機會成本爲30噸糧食，A國生產汽車的機會成本低於B國，在生產汽車上有比較優勢。A國生產一噸糧食的機會成本爲0.05輛汽車，B國生產一噸糧食的機會成本爲0.033輛汽車，B國生產糧食的機會成本低於A國，在生產糧食上有比較優勢。應該注意的是，同一個國家不可能在生產兩種物品中都有比較優勢，也不可能在生產兩種物品中都沒有比較優勢。因爲生產一種物品的機會成本是生產另一種物品機會成本的倒數。如果一國生產一種物品的機會成本較高，它生產另一種物品的機會成本必然降低。

比較優勢反映了這種相對機會成本。除非兩國有相同的機會成本，否則一國就會在生產一種物品上有比較優勢，而另一國將在生產另一種物品上有比較優勢。

由於兩國各自有比較優勢，所以，A國專門生產汽車，B國專門生產糧食，然後雙方交換，都可以獲益，即在資源和生產可能性約束不變的情況下，所消費的兩種物品都可以增加，或者在一種物品的消費不減少時，另一種物品的消費量增加。在上例中，如果沒有貿易，A國一輛汽車可以換20噸糧食。如果與B國貿易，一輛汽車可以換30噸糧食。A國把全部資源1億小時勞動用於生產汽車可生產一萬輛，留下5000輛自己消費（汽車的消費沒減少），用其餘5000輛與B國進行貿易，可換得15萬噸糧食（糧食的消費增加了）。也可以留下6000輛汽車自己消費，其餘4000輛汽車與B國進行貿易，換得12萬噸糧食，兩種物品的消費都增加了。同樣，如果沒有貿易，B國一噸糧食可以換0.033輛汽車。如果與A國貿易，一噸糧食可以換0.05輛汽車。B國把全部資源1.8億小時勞動用於生產糧食60萬噸，留下30萬噸自己消費（糧食的消費沒有減少），用其餘的30萬噸糧食換得1.5萬輛汽車（汽車的消費增加了）。也可以自己消費40萬噸糧食，其餘的20萬噸糧食換得1萬輛汽車，兩種物品的消費都增加了。

這個例子說明，各國在生產某種物品上都有比較優勢，各自生產自己有比較優勢的東西，然後互相交換，對各國都有利。這正是自由貿易的理論基礎，也是在整個經濟發展中國際貿易有利於共同繁榮的秘密。

17.3 要素稟賦

　　要素稟賦說又稱赫克雪爾—俄林原理,以其建立者兩位瑞典經濟學家的名字命名。這種學說以比較優勢理論為基礎,但又進一步用各國生產要素稟賦的不同來解釋比較優勢。

　　這種學說認為,各國同類產品進行交易的直接原因是價格的差別。這就是說,如果某種物品國內價格高,而國外價格低,就會進口這種物品;如果某種物品國內價格低,而國外價格高,就會出口這種物品。引起各國同類物品價格不同的原因是多方面的,但最關鍵的是各國各種生產要素的稟賦不同,從而生產要素的相對價格不同。這使各國生產各種物品的成本不同,從而價格也就不同。

　　這種學說用兩個國家、兩種生產要素和兩種物品的例子來說明國際貿易的有利性。假設A國與B國兩個國家,都生產汽車與糧食,由於生產技術等原因,生產汽車需要的資本多而勞動少,生產糧食需要的資本少而勞動多。A國資本豐富而勞動缺乏,資本價格低而勞動價格高;B國資本缺乏而勞動豐富,資本價格高而勞動價格低,因此,A國生產汽車成本低,價格也低;B國生產糧食成本低,價格也低。這樣,由於要素稟賦與價格不同,兩個國家的分工就是A國生產汽車而B國生產糧食。兩國進行貿易,A國得到低價糧食,B國得到低價汽車,都從貿易中獲益。

　　從這個例子中得出的一般結論是:任何一個國家都應該生產並出口自己資源豐富的要素的產品,並進口自己資源缺乏的

要素的產品。由此得出的推論是：資本豐富的國家應生產並出口資本密集型產品，進口勞動密集型產品；勞動豐富的國家應生產並出口勞動密集型產品，進口資本密集型產品。要素的稟賦決定生產就體現了比較優勢。各國生產自己要素稟賦多的產品，也就是生產自己有比較優勢的產品。比較優勢論與要素稟賦說在本質上是一致的。要素稟賦說明了一國比較優勢的原因。

　這一學說還說明了國際貿易對國內收入分配的影響。這就是說國際貿易使各國之間生產要素的價格差別逐步縮小，並趨於相等。這是因為勞動資源豐富的國家出口勞動密集型產品，進口資本密集型產品；資本資源豐富的國家出口資本密集型產品，進口勞動密集型產品，貿易的結果是，在前一種國家，勞動價格上升而資本價格下降；在後一種國家，資本價格上升而勞動價格下降，最後，這兩個國家勞動的價格與資本的價格趨於相等。這樣也有利於使各國國內的收入分配更為平等。這就是由要素稟賦說引申出的生產要素價格均等化原理。美國經濟學家薩繆爾森用數學方法證明了在嚴格的假設之下，各國要素價格必然是均等的。但實際上由於國際貿易總不完全是自由的，而且各國匯率會由於各種因素而變動，所以，要素價格的相等幾乎是不可能的。

　二十世紀五○年代，美國經濟學家里昂惕夫對要素稟賦說進行了檢驗，發現國際貿易的事實與這一學說得出的推論並不一樣。以美國為例，美國是一個資本豐富而勞動缺乏的國家，按要素稟賦說應該出口資本密集型產品而進口勞動密集型產品，但根據對美國進出口結構的分析，美國出口的是勞動密集型產品而進口的是資本密集型產品。這個問題被稱為里昂惕夫

之謎。其他經濟學家用成本遞增理論、人力資本理論,產品生命週期理論等解釋里昂惕夫之謎,並在這個過程中發展了國際貿易理論。

17.4 不同的人喜歡不同的車

　　二十世紀六〇年代以後國際貿易中出現的新特徵,使發達工業國之間貿易量大大增加,而且同類的製成品貿易量大大增加,傳統的比較優勢理論和要素稟賦說都無法對此作出令人信服的解釋,於是就產生了新貿易理論。新貿易理論用市場競爭的不完全性和規模經濟,解釋國際貿易的好處。

　　比較優勢和要素稟賦都是從生產的角度來分析國際貿易的。新貿易理論從需求入手,由於收入與偏好等原因,人們的需求千差萬別,即使是對同一種產品,也有不同的嗜好。以汽車爲例,青年人喜愛跑車,富人喜愛豪華型車,而低收入者喜愛節油型車。不同的人喜愛不同的車,只有生產不同的車才能滿足不同的人的偏好。

　　經濟學家證明了產品差別引起壟斷,產品差別越大,壟斷程度也越高。這就是說,同一種產品在質量、外形、牌號、服務等方面的細微差別會對不同的消費者形成壟斷。這樣,有產品差別的市場就不是完全競爭市場,而是不完全競爭市場——壟斷競爭市場或有差別的寡頭市場。這就是市場競爭的不完全性。

　　在這種不完全競爭的市場上,企業只有有一定的規模才能具有創造產品差別的創新能力,實現以最低成本進行生產,並

運用各種市場營銷手段增強競爭地位。簡言之，在這種市場上規模經濟特別重要。以汽車工業爲例，只有大量生產才能創造出新車型，採用自動化技術降低成本，並具備競爭能力。但如果生產僅僅以國內爲市場，不可能既生產各種不同的汽車又實現規模經濟。因爲國內對某種車型的需求總是有限的，達不到規模經濟的產量水平。只有爲全世界的需求進行生產，才能既有產品差別滿足不同的偏好，又能實現規模經濟。

需求的多樣性與規模經濟的結合，就是發達國家之間大量同類製成品進行貿易的基本原因。僅僅是需求的多樣性並不能保證得到多樣化的產品，因爲爲滿足某種需求的成本太高了。例如有些年輕人喜歡某種特殊跑車，如果這種車需求量並不大而又必須由國內生產，必然無法實現規模經濟，也無法生產出來。

但是在有國際貿易時，每個汽車廠都爲全世界的市場服務，每個工廠專門生產某一種或幾種用於滿足某種特殊需求的車，並向全世界銷售。這樣就既滿足了不同的需求又實現了規模經濟。儘管各國都生產汽車，但具有不同產品差別的汽車仍在各國之間進行貿易。義大利的法拉利賽車可以供給全世界的年輕人，德國的寶馬車可以讓全世界的白領人士盡享名車風範，而日本的豐田車又爲另一些人帶來滿足。世界各地的汽車具有不同的風範，滿足了不同的需求，但當把全世界的同一種需求集中在一起由少數企業滿足時，各個企業又都實現了規模經濟，消費者得到了低價格的汽車。這正是國際貿易給各國消費者和生產者都帶來了好處。

隨著人們收入和生活水平的提高，需求會愈來愈多樣化；隨著技術進步，規模經濟也會越來越重要。可以根據新貿易理

論預期，同類製成品的貿易還會不斷擴大。

17.5 柯林頓曾限制番茄進入美國

無論從理論和現實來看，自由貿易都有利於各國共同繁榮，那麼爲什麼各國還以各種形式進行保護貿易呢？

歷史上最早的保護貿易論是主張只出口不進口或多出口少進口的重商主義。儘管重商主義早已成爲歷史，但今天仍然有各種爲保護貿易進行辯護的理論。如保護國內就業的工作崗位論、維護國家安全的國家安全論、保護新興工業的幼稚產業論、防止有些國家進行不公平競爭（如傾銷）的不公平競爭論、以保護貿易作爲國際談判籌碼的保護論、建立自己具有國際競爭力行業的戰略性保護論等等。經濟學家認爲這些理論都難以成立。真正引起保護主義的原因，實際上是一國的短期利益、部分人的利益，以及政治上的需要。

從長遠來看，國際貿易對各國都是有利的，但從短期來看，並不一定如此。要使國際貿易有利於一國，該國必須對產業結構進行調整，發展自己有比較優勢的行業，消滅自己沒有比較優勢的行業。這種產業結構調整需要的時間較長。在這個調整過程中，當新行業沒有完全發展起來，而舊行業消亡中又會引起衰退和失業時，一個經濟就要爲此而付出代價。有時這種代價過高，會使一個國家難以承受，政府不得不採取一些保護措施。

從整體來看，國際貿易使一國的獲益大於損失，但對不同的利益集團，得失並不一樣。一般說來，出口部門和消費者會

獲益，而進口部門會受損失。國際貿易的受益者人數多，總體受益也大。但正由於受益者人多，平均到每個人身上受益並不多，所以，他們難以團結起來，支援自由貿易。國際貿易的受害者少，儘管總損失並不大，但分攤到每個受害者身上並不小，加之，受害者感受更爲直接，而且對受害者的補償也難以實施，所以他們容易團結起來向政府施加壓力，使政府不得不採取一些保護貿易政策，來維護這些受害者的利益。例如假設美國政府取消對紡織業的保護，出口部門（高科技產品部門）和消費者都會受益，但紡織業工人受害。於是紡織業工人向政府施加壓力，政府不得不保護紡織行業。

有些時候，政府也出於政治上的考慮而限制一些在經濟上有利的貿易，例如1996年柯林頓限制墨西哥的番茄進入美國。番茄進口有利於美國消費者得到物美價廉的產品，但卻有損於佛羅里達州的番茄種植者。柯林頓怕在總統大選中失去佛羅里達州的支持，於是採用了這種做法。這就是政治因素在起作用。此外，前幾年歐盟限制美洲的香蕉進口，而讓非洲的香蕉進口，也是出於政治原因。儘管美洲的香蕉物美價廉，但非洲許多種植香蕉的國家是歐盟以前的殖民地，歐盟一些宗主國承擔支援這些國家經濟的責任，這也是政治上的考慮。也有一些國家出於政治上獨立的考慮而限制進口。有時政治上的考慮重於經濟上的考慮，這就不得不實行保護貿易。

就發展中國家而言，保護貿易政策還有特殊意義。世界市場是一個不完全競爭的市場，一些發達國家擁有超大型跨國公司，在世界市場上處於壟斷地位。這就使發展中國家在競爭中處於不利地位，尤其是一些發展中國家以初級產品出口爲主，初級產品在國際市場上需求缺乏彈性，這就在市場上處於不利

地位，所以，發展中國家往往也採用一些貿易保護政策。

　　保護貿易手段分為關稅和非關稅壁壘兩大類。關稅就是對進口（或出口）產品徵收稅收以限制貿易，非關稅壁壘花樣繁多，主要有配額，即規定某種物品的進口數量；自願出口限制，即出口國根據兩國協定自己限制出口量；反傾銷，即對低價（低於成本或國內價格）傾銷的出口國實行報復；嚴格技術或質量標準等等。當一國運用這些手段進行保護貿易時，往往引起各國之間的貿易戰。這正是我們在國際經濟中常看到的現象。

　　國際貿易自由化是一個不可抗拒的歷史潮流，但實現這一目標還是一個漫長的過程。

18. 國際金融

　　一個運行良好的貨幣制度能夠促進國際貿易和國際投資，並使各種變革得以平穩過渡。

　　　　　　　　　　　——羅伯特·所羅門

　　1997年東南亞國家發生金融危機，全世界為之震動。這場金融危機的發生及產生的影響，說明了世界資本市場的一體化已把各國緊緊聯繫在一起。正如國內金融貨幣制度對經濟正常運行至關重要一樣，國際金融貨幣制度對世界經濟的正常運行也至關重要。要瞭解這些，我們必須進入國際金融這個領域。

18.1 一國與別國的經濟往來

　　一國的國際收支情況用國際收支帳戶來表示，該帳戶是一國在一定時期內（通常為一年）國際貿易、貸款與借款等的記錄，它反映了一國與別國的經濟往來。國際收支帳戶包括經常帳戶、資本帳戶與官方結算帳戶。瞭解這個國際收支帳戶是我們瞭解國際金融的第一步。

　　在國際收入帳戶中，資金流出為借方，資金流入為貸方。經常帳戶中包括商品與勞務的進口（借方）、商品與勞務的出口（貸方），和淨轉移（從外國得到的和支付的贈予與外援之類轉移支付的淨值），借方與貸方之差為經常帳戶餘額。如果借方大於貸方，則為經常帳戶赤字；如果貸方大於借方，則為經常帳戶盈餘。例如一國進口為1000億元，出口為800億元，淨轉移為零，則經常賬戶餘額為赤字200億元。

　　資本賬戶記錄一國的國際借貸往來，包括對外直接投資（借方）和外國在本國的直接投資（貸方）、證券投資（購買外國證券為借方和外國購買本國證券為貸方）和短期資本流動（從國外得到的借款為貸方，向國外的貸款為借方），借方與貸方之差為資本賬戶餘額。如果借方大於貸方，則為資本賬戶赤

字；如果貸方大於借方，則爲資本賬戶盈餘。例如一國對外直接投資爲100億，外國在本國的直接投資爲80億元；購買外國債券50億，外國購買本國債券爲60億元；給外國的短期貸款爲30億元，從外國得到的短期貸款爲40億元；則借方總貸爲100億＋50億＋30億＝180億元，貸方總計爲80億＋60億＋40億＝180億元。資本賬戶餘額爲零。

官方結算賬戶爲經常賬戶與資本賬戶之和。如果這兩者之和爲正，則國際收支餘額爲盈餘，官方外匯儲備增加；如果這兩者之和爲負，則國際收支餘額爲赤字，官方外匯儲備減少。在上例中，經常賬戶餘額爲赤字200億元，資本賬戶餘額爲零，國際收支赤字爲200億元，官方外匯儲備減少200億元。

國際收支賬戶對我們瞭解一國與外國的經常交往是重要的，從長期來看，一國應該努力實現國際收支平衡。

18.2 1美元等於8.26元人民幣

當一國購買外國物品與勞務或者在外國投資時，就要用外國的貨幣來進行交易活動。一國在外匯市場上得到外國貨幣。外匯市場是一國貨幣與其他國家貨幣進行交換的地方，但並不是像物品市場那樣一個具體地方，而是一個把外匯買賣者與經紀人聯繫起來的國際網路。

一國貨幣與另一國貨幣交換的比率稱爲匯率。匯率也可以說是用一國貨幣購買另一國貨幣的價格。匯率有兩種表示法：間接標價法和直接標價法。間接標價法是表示一單位本國貨幣可以兌換多少外國貨幣，直接標價法是表示一單位外國貨幣可

以兌換多少本國貨幣。例如1美元等於8.26元人民幣,對中國大陸來說就是直接標價法;而1元人民幣等於0.122美元就是間接標價法。對美國來說正好相反,前一種表示法是間接標價法,後一種表示法是直接標價法。直接標價與間接標價互為倒數。我國現在採用直接標價法,倫敦和紐約外匯市場用間接標價法。在進行外匯買賣時,銀行賣出外匯的價格稱為銀行賣價,銀行買進外匯的價格稱為銀行買價。一般是賣價高於買價,兩者的差額是銀行買賣外匯的手續費,兩者的差額一般在0.1%至0.5%之間。

各國的匯率是經常在變動的。如果用本國貨幣表示的外國貨幣價格下跌了,則稱為匯率升值。如果用本國貨幣表示的外國貨幣價格上升了,則稱為匯率貶值。通俗地說,匯率升值是本國貨幣對外國貨幣的價值上升了,同樣一單位本國貨幣能買到更多外國貨幣;匯率貶值是本國貨幣對外國貨幣的價值下降了,同樣一單位本國貨幣能買到的外國貨幣少了。例如假設人民幣對美元的比率變為1美元兌換5元人民幣,則人民幣匯率升值;如果人民幣對美元的比率變為1美元兌換10元人民幣,則人民幣匯率貶值。在前一種情況下,1元人民幣從可以買到0.122美元變為可以買到0.2美元;在後一種情況下,1元人民幣從可以買到0.122美元變為只可以買到0.1美元。

匯率在國際經濟中是十分重要的,各國的匯率制度可以分為固定匯率制與浮動匯率制。固定匯率制指一國中央銀行規定匯率,並保持匯率基本不變,其波動保持在一定幅度之內。在這種匯率制下,中央銀行固定了匯率,並按這種匯率進行外匯買賣。在一國貨幣自由兌換時,中央銀行為保持這種匯率就要進行外匯買賣。固定匯率有利於一國經濟的穩定,也有利於維

持國際金融體系和國際經濟交往的穩定,減少國際貿易與國際
投資的風險。但在一國貨幣自由兌換時,為了維持國家匯率,
一國中央銀行要有足夠的外匯或黃金儲備。如果不具備這一條
件,必然出現外匯黑市,黑市匯率與官方匯率背離,反而不利
於經濟發展與外匯管理。

　　浮動匯率制是一國中央銀行不規定本國貨幣與其他國家貨
幣的官方匯率,匯率由外匯市場的供求關係自發地決定。浮動
匯率又分為自由浮動與管理浮動。自由浮動又稱清潔浮動,指
中央銀行對外匯市場不進行任何干預,匯率完全由市場供求自
發地決定。管理浮動又稱骯髒浮動,指中央銀行透過外匯買賣
來影響匯率的波動,實行浮動匯率有利於透過匯率的波動來調
節經濟和國際收支,尤其是當中央銀行外匯與黃金儲備不足
時,實行浮動匯率較為有利。但實行浮動匯率不利於國內經濟
與國際經濟的穩定,也加大了國際貿易與投資的風險。

　　戰後世界各國的匯率制度可以大致分為兩個階段。1944年
7月,美英等四十四國在美國新罕布希爾州舉行了聯合國貨幣金
融會議。會上確定了以美元為中心的國際貨幣體系(稱為布雷
頓森林體系)。這種制度的基本內容是:美元與黃金掛鉤,確定
美元與黃金的比價為35美元等於一盎斯黃金。各國有義務協助
美國維持美元官價,美國承擔各國中央銀行按官價向美國兌換
黃金的義務。其他各國貨幣與美元掛鉤,即其他國家的貨幣與
美元保持固定匯率。這種制度成為黃金美元本位制,又稱國際
黃金匯兌本位制。在這種制度上,美元成為與黃金一樣的硬通
貨,各國實行的是固定匯率制。各國只有在國際收支出現根本
性不平衡時,才能調整匯率,匯率波動超過1%時,各國中央銀
行有義務調整,匯率調整超過10%時須經國際貨幣基金組織同

意。這種固定匯率制度一直沿用到七○年代初。這是戰後匯率制度的第一階段。

二十世紀六○年代末期，美國通貨膨脹加劇，多次發生美元危機，這種固定匯率制被動搖。1971年8月15日，美國宣布停止美元兌換黃金。同年12月根據西方十國達成的史密斯協定，美元貶值7.89％，即從一盎斯黃金35美元貶爲38美元，並將各國中央銀行應干預的匯率波動幅度1％改爲2.25％。1973年2月，美元再次貶值10％，每盎斯黃金兌換42.22美元。從那時起，西方各國放棄了固定匯率制而採用了浮動匯率制。爲了防止匯率過度波動給經濟帶來不利影響，各國中央銀行也透過外匯買賣干預匯率，因此，在直到現在的第二階段中，各國採用了管理浮動匯率制。

在浮動匯率制下匯率是如何決定的呢？用一國貨幣購買其他國家的貨幣，是爲了在其他國家購買物品與勞務或進行投資，因此，兩國之間貨幣的匯率就取決於貨幣在國內的購買力。兩國貨幣購買力之比決定了兩國貨幣的交換比率，即匯率。這就是說，兩種貨幣的匯率＝一國的物價水平／另一國的物價水平。這就是匯率決定的購買力平價論。根據這種理論，匯率的變動取決於這兩國貨幣的購買力或物價水平的變動。這就是說，匯率的變動＝（一國的通貨膨脹率／另一國的通貨膨脹率）×原來的匯率。

但是，用購買力平價論解釋利率的決定與變動有一個重要的條件，即物品與勞務可以在全世界自由流動，這樣流動的結果是同一種商品在所有國家的價格完全相同。這被稱爲單一價格定理。例如A國和B國完全自由貿易，如果A國的電腦高於B國，就有人在A國買電腦運到B國去賣，這種套利行爲最後必

定使A國與B國電腦的價格完全相同。然而,單一價格定理在許多情況下並不能成立。我們可以把物品與勞務分為可貿易物品與非貿易物品。人們不能由於昆明的午餐便宜紐約的午餐貴,而在昆明買午餐到紐約賣,也不能由於北京理髮便宜巴黎理髮貴,而從巴黎到北京理髮。單一價格定理不適用於非貿易物品。即使對可貿易物品,單一價格定理也不完全適用,因為現實中由於運輸費用、關稅與非關稅壁壘等因素限制了自由貿易。應該說,購買力平價論是決定匯率的基礎,但現實中決定匯率的還有其他因素。

匯率的決定可以從即期與遠期來考慮。即期匯率,即現在的匯率,是由外匯市場的供求決定的。如果對一國物品與勞務或資產的需求增加,需要用該國貨幣來購買物品與勞務或資產,對該國的貨幣需求增加,該國匯率就會升值。決定遠期匯率的則還有預期等因素。從實值上說,匯率是一種價格,是兩國貨幣交換的價格,所以,和其他物品的價格一樣,可以用供求關係來解釋。

18.3 一把雙刃劍

各國間資本流動成為當前國際經濟中一個重要的特徵,因此,在研究國際經濟關係時,我們必須考慮國際金融市場以及國際間的資本流動。

國際金融市場上的活動包括外匯的買賣、黃金的買賣及證券的買賣、長期和短期資金信貸活動。所以,國際金融市場包括外匯市場、黃金市場、貨幣市場和資本市場。這裡要注意的

是，貨幣市場和資本市場都是從事證券與信貸活動，一般把一年之內的這些金融活動稱為貨幣市場，而把一年以上的這些金融活動稱為資本市場。

　　一個國際金融市場需要以下四個條件。第一，政治穩定，經濟發達，本國貨幣穩定，能成為各國承認的國際收支手段的硬通貨。第二，有一種自由的外匯制度，即資金可以自由出入境，沒有嚴格的外匯管制，在準備金、銀行利率和稅率等方面有穩定的政策，使境內外金融投資者有一個長期的考慮和信心。第三，有發達的銀行和其他金融機構，有成熟的基金組織，完善的金融制度，銀行信貸發達，資金周轉方便，同時有一大批熟悉金融專業又高效率工作的專業人才。第四，有現代化的通訊設備和交通便利的地理位置，良好的社會服務，足以吸引各國投資者來這裡從事金融活動，與此相應，國際貿易、航運、保險等配套機構與行業都要有相應的水準。許多活躍的國際金融市場，如倫敦、紐約、蘇黎世、東京、香港等都具備了這些條件。

　　我們根據所經營的業務把國際金融市場分為外匯市場、黃金市場、貨幣市場和資本市場。如果根據參與者來劃分，又可以把金融市場劃分為國內金融市場，即本國居民參與的金融市場；在岸金融市場，即經營本國居民與外國人業務的金融市場，以及離岸金融市場，即本國境外專門經營外國人之間金融業務的金融市場。離岸金融市場在二戰後發展迅速，因為離岸，即不在境內，意味著國內法令、法律管制不到。例如倫敦的「歐洲美元」市場。美元在倫敦是外幣，不受英國國內銀行法規管制，歐洲美元在倫敦交易，也不受美國國內銀行法規管制。所以，任何一國都無法單獨按本國法律來管理離岸金融市

場。正因為如此，離岸金融市場往往在那些金融與法律管制較鬆，稅收低甚至免稅的地方。這些地方不一定具備國際金融市場的四個條件，只有法律與稅收寬鬆就可以。例如巴哈馬群島、瑞典、盧森堡、列支敦士登大公國等都是著名的離岸金融市場。

　　離岸金融市場促進了生產、市場和資本的國際化，提供了有利的融資市場，也有助於國際貿易發展和各國經濟發展，加快了全球經濟一體化進程。但也增加了各國金融活動的不穩定性，成為金融危機的潛在誘因，也為非法洗錢提供了方便之門。離岸金融市場已成為金融投機家冒險的樂園。

　　各國資本透過國際金融市場大量而迅速地流動，並透過套利活動使全世界的利率與匯率趨向一致。

　　套利活動是在低價地方買入而在高價地方賣出，以賺取其中的差價。在國際金融市場上，這種套利活動使世界各國的利率趨於一致。在貨幣和資本市場上，當資本在各國間自由流動時，如果一國利率高於世界利率，資本就會大量進入該國，使該國利率下降至世界利率；如果一國利率低於世界利率，資本就會大量流出該國，使該國利率上升至世界利率。因此，資本流動的結果實現了利率平價，即全世界的資本無論在哪一國都得到相同的利率。同樣，在外匯市場上，如果沒有外匯管制，外匯的買賣也會實現匯率平價。例如在香港市場上美元對英鎊的匯率是1：0.8，在紐約市場上美元對英鎊是1：0.9。就會有人在香港市場上拋出英鎊買進美元，然後在紐約市場上賣出美元買進英鎊。在香港用0.8英鎊買到1美元，在紐約1美元能買到0.9英鎊，每美元賺到0.1英鎊。這種套匯做法，使香港與紐約兩個市場上，美元與英鎊的匯率趨於相等。以前我們談到，

在國際貿易中，由於貿易受到限制，無法完全實現單一價格。但在國際金融市場上，由於資本和外匯的流動幾乎不受什麼限制，所以，可以實現單一利率和單一匯率。這正是國際金融市場一體化更快的重要原因。

國際金融市場的一體化為各國融資提供了方便，有利於經濟發展。當一國缺乏發展經濟所需的資金時，可以到國際金融市場上去籌資。例如發行債券、股票或借款。中國大陸成功地在國際上發行過債券，有些國內企業也在香港和紐約上市（H股與N股），也從國際金融市場借過款，這些都促進了經濟發展。到國際金融市場上籌資已成為許多國家獲得資金的一個重要渠道。但也應該認識到，國際金融市場也是一個高風險的市場，它受各國政治與經濟變動的影響，有相當大的不穩定性。國際資本，尤其是國際短期游資會給一國金融和經濟帶來相當大的衝擊，甚至引起嚴重金融危機。1994年的墨西哥金融危機，1997年的東南亞金融危機，都與國際短期游資的衝擊有密切關係。

在國際金融市場上引起不穩定的因素之一是投資者「借短放長」的投機活動。一般而言，長期利率高而短期利率低，所以，投資者在國際金融市場上以較低的利率借入短期貸款，然後又以較高的利率放出中期或長期貸款。這種作法成功的關鍵是如何「到期轉期」，即在短期借款到期時能再借到另一筆短期貸款，用新債抵舊債。如果到期轉期不成功，所放出的中長期貸款又不能按時收回，就會引起金融市場上連鎖性惡性循環，引起金融危機。在國內金融市場上這種做法要受到有關法規的制約，而在國際金融市場上，尤其是在離岸金融市場上，這種做法很少受到限制，危險性就大多了。

國際金融市場上不穩定的另一個因素是因為游資的存在。國際游資是在國際金融市場上自由流動的資金，包括石油出口國的資金、基金投資者的資金，以及「黑錢」。這些游資追求更高的利率，經常大量地從一個國家或地區流向另一個國家或地區，或在國際金融市場上從事投機活動。這種國際游資的流動會給一國金融和經濟帶來巨大的衝擊。例如在九〇年代後期，大量國際游資進入泰國使泰國經濟過熱，形成畸性繁榮，但在短期內大量國際游資流出，又引發了金融危機和經濟蕭條。泰國這次金融危機當然與國內種種因素有密切關係，但與以美國金融投機者索羅斯的投機活動也不無關係。

國際金融市場的一體化是一把雙刃劍，既促進了世界經濟發展，又引起了世界經濟的不穩定性。因此，對於許多國家來說，不僅要利用國際金融市場，還要防範國際金融市場的衝擊。發展中國家通常金融市場不成熟，資金又不雄厚，因此，不能過快追求金融市場的迅速完全開放。只能隨著經濟力量加強，金融體系的完善而逐步開放。中國大陸在東南亞金融危機中所受的影響不大，金融與經濟是穩定的，就是由於沒有開放金融市場，即人民幣不能自由兌換，匯率是固定的，資本流動要受到限制。關起金融之門固然會失去一些好處，也可以免受國際金融市場的致命衝擊。對一個經濟尚不發達，金融市場不完善的國家而言，也許防範國際金融市場風險更為重要。美國經濟學家保羅‧克魯格曼在總結東南亞金融危機的教訓時也強調，發展中國家要放慢金融市場開放的步伐。這是很有見地的。

19. 開放經濟中的一國宏觀經濟

世界之潮流浩浩蕩蕩，順之者昌，逆之者亡。

——孫中山

　　孫中山（1866-1925），中國革命的先行者。孫中山先生首先是一個偉大的革命家，但也是一個經濟學家。他的民生主義經濟學説對中國近代經濟思想有重大影響。孫中山先生一生順應歷史潮流，推動了歷史前進，我們引用這段話正是強調孫中山先生的這種精神。當今的世界潮流是全球經濟一體化。

當今的世界潮流是什麼？是全球經濟一體化。順此潮流者
昌，逆此潮流者亡。 世界經濟會給一國經濟帶來什麼影響？一
國應該如何在全球經濟一體化中求得發展？這正是我們以開放
經濟角度分析一國宏觀經濟時所要解決的問題。

19.1 美國感冒，其他國家打噴嚏

在封閉經濟中，一國主要考慮充分就業與物價穩定，這可
以稱為內在均衡，即國內經濟的均衡。在開放經濟中，還要考
慮到外在均衡，即國際收支均衡。這就是說，在開放經濟中，
要同時考慮內在均衡與外在均衡。

在封閉經濟中，短期分析的中心是總需求，這時的總需求
是國內總需求。在開放經濟中，分析的中心仍然是總需求，但
這時的總需求是對國內物品與勞務的總需求，包括國內與國外
的需求。而且，影響對國內物品與勞務總需求的因素也有所變
化。分析開放經濟中的一國經濟，我們就要分析各國之間物品
與勞務的流動（國際貿易）、資本流動、匯率等因素如何影響一
國的內在均衡與外在均衡。我們先從物品市場來開始這種分
析。

在分析開放經濟中一國物品市場的均衡時，我們為了簡單
起見假設：第一，不考慮各國資本流動對一國經濟的影響。第
二，出口取決於國外的需求，假設出口是不變的。第三，進口
取決於國內實際GDP，與實際GDP同方向變動。實際GDP增加
所引起的進口增加，稱為邊際進口傾向。例如實際GDP增加了
100億元，進口增加了20億元，則邊際進口傾向為0.2。

　　在開放經濟中，國內總需求變動，不僅影響內在均衡，而且影響外在均衡。國內總需求增加使實際GDP增加，物價水平上升。在開放經濟中，實際GDP增加還會在出口不增加（根據假設）時，增加進口，這樣就會使國際收支狀況惡化，即國際收支盈餘減少，或國際收支赤字增加。

　　但是，如果總需求的增加不是來自國內的消費與投資需求，而是出口增加，那麼，情況就不同了。出口的增加對國內GDP和物價水平的影響仍然相同，但由於邊際進口傾向小於1，出口增加引起的實際GDP增加中進口的增加小於出口增加，所以，國際收支狀況得到改善，即國際收支盈餘增加，或赤字減少。可見在開放經濟中，如果總需求增加是由於出口增加引起的，既有利於內在均衡（實際GDP增加有利於增加就是），又有利於外在均衡（改善國際收支狀況）。這正是各國都在努力擴大出口的原因。

　　還應該指出的是，在開放經濟中，無論總需求增加是由於國內消費與投資增加，還是由於出口增加，所引起的實際GDP的增加小於封閉經濟中。這就是說，在開放經濟中，乘數小於封閉經濟中。這是因為在總需求增加引起的實際GDP增加中，一部分用於進口，因而就沒有對國內經濟的刺激作用。這時的乘數稱為對外貿易乘數，即考慮到國際貿易時的乘數。這一乘數為1減邊際消費傾向再加邊際進口傾向的倒數。例如邊際消費傾向為0.6，邊際進口傾向為0.2，在封閉經濟中乘數為 $1 / 1 - 0.6 = 2.5$，但在開放經濟中，乘數為 $1 / (1 - 0.6 + 0.2) \doteqdot 1.7$。

　　在開放經濟中，國內各種因素的變動不僅影響國內需求，而且影響進出口。例如國內價格變動，影響國內價格與國外價

格的相對價格，從而影響進出口。如果國內物價水平上升，而國外物價水平沒變，這時相對於國外物價水平而言，國內各種物品與勞務的相對價格上升了，國外各種物品與勞務的相對價格下降了，從而出口減少，進口增加。此外，正如弗萊明—芒德爾效應所說明的，利率下降引起匯率貶值，也會增加出口，減少進口。

在開放經濟中，各國經濟相互依賴，一榮共榮，一損共損。透過國際貿易渠道，一國的失業與通貨膨脹會擴散到其他國家，這就是開放經濟中失業與通貨膨脹的傳遞機制。

如前所述，一國的就業狀況主要取決於實際GDP的水平。失業的傳遞正在於透過進出口而影響實際GDP，進而影響就業。例如AB兩國是貿易夥伴，A國發生衰退，實際GDP減少，失業增加，對B國的進口減少。B國出口減少，實際GDP減少，也發生衰退，失業增加。這樣，A國的失業就透過進出口變動而傳遞到B國。B國的衰退同樣減少了向A國的進口，A國出口減少，又加劇了衰退。AB兩國的這種相互影響可以用「溢出效應」和「回波效應」來解釋。溢出效應指A國實際GDP變動對B國的影響，回波效應指受到溢出效應影響的B國反過來又引起溢出效應的A國的影響。據經濟合作與發展組織的估算，溢出效應和回波效應還是相當重要的。例如美國對德國的溢出效應為0.23，即美國實際GDP變動1％會引起德國GDP變為0.23％，德國對美國的回波效應為0.0115，即美國實際GDP變動1％，引起德國實際GDP變動0.23％，這又會使美國實際GDP再變動0.0115％。

同樣，通貨膨脹也會在各國之間傳遞。例如AB兩國是貿易夥伴，A國發生通貨膨脹，物價水平上升，這使A國與B國相

比的相對價格上升，從而向 B 國的進口增加。B 國出口增加，使出口部門物價上升，這種物價上升帶動了與出口相關的部門物價上升，尤其是這些部門工資與原料價格上升（為了從其他部門得到生產出口品所需的勞動與原料），最後就導致 B 國物價總水平上升，A 國的通貨膨脹傳遞到了 B 國。

當然，在世界經濟中各國之間的相互影響大小並不一樣，一般來說，取決於國家大小、開放程度高低和邊際進口傾向大小。大國對小國影響大；開放程度越高對別國的影響和受別國的影響都大；邊際進口傾向越高對別國的影響和受別國的影響也大。像美國這樣國家大、開放程度高、而且邊際進口傾向也大的國家對其他國家經濟的影響也就大，所以，才有「美國感冒，其他國家打噴嚏」的說法。因此，美國經濟的興衰也就成為各國所關注的問題。

19.2 「孿生赤字」

開放經濟中一國經濟透過物品市場和資本市場與其他各國相互聯繫。淨出口衡量物品市場的狀況，而國外淨投資衡量資本市場的狀況。淨出口是出口與進口之差，可稱為貿易餘額，國外淨投資是資本流入與流出的差額，可稱為資本餘額。一國的資本流入是外國對國內的投資，資本流出是國內對國外的淨投資，一國對國外的投資減去國外在國內的投資就是國外淨投資。例如其他國家對我國的投資為 1000 億元，我國對國外的投資為 1200 億元，我國的國外淨投資就為 200 億元。

物品市場與資本市場是密切關聯的，在開放經濟中這一點

就表現為一國的國外淨投資總等於淨出口。例如美國向日本出口了一架波音飛機，日本就要向美國支付日元，美國人可以用這種日元在日本購買證券（投資的一種形式），這樣，美國在日本的投資就增加了。美國出口的增加量就等於它在國外投資的增加量。任何一筆出口的增加都會等量地增加一國在國外的淨投資，而任何一筆進口的增加都會增加國外在本國的投資，減少本國的國外淨投資。因此，淨出口總等於國外淨投資。

在開放經濟中，我們考慮資本市場時，要同時考慮兩種資本市場：可貸資金市場與外匯市場。在可貸資金市場上決定國內利率，在外匯市場上決定匯率。這兩個市場密切相關，並對一國經濟產生重大影響。

在可貸資金市場上，資金的供給來自國民儲蓄。國民儲蓄包括私人儲蓄和公共儲蓄（政府財政盈餘）。資金的需求來自投資，包括對國內投資和國外淨投資。當可貸資金的供求相等時，可貸資金市場均低，決定了利率。這種利率還決定一國的國外淨投資。當一國利率高於世界利率時，資本流入，即國外在國內的投資增加，從而該國國外淨投資減少。例如當美國利率上升時，美國債券對美國和德國的基金都更有吸引力，於是美國人多買本國債券而少買外國債券（國外投資減少），德國人多買美國債券（對美國投資增加）而少買本國債券，從而美國的國外淨投資減少了。

在外匯市場上，匯率由外匯市場的供求決定。以前我們講到，國外淨投資等於淨出口這個公式，我們把這公式的兩邊作為外匯市場供求雙方的代表。以美元的匯率決定為例，國外淨投資代表為購買國外資產的美元供給量，例如美國某一基金想買德國的某種債券時，就要把美元換為馬克，這就為外匯市場

供給了美元。美國基金會買德國債券就是國外淨投資的增加，這種國外淨投資增加決定了美元供給。這種美元供給與匯率沒有直接關係，可以假設為不變的。淨出口代表了為購買美國物品與勞務的淨出口而需要的美元量。例如當日本想購買美國的波音飛機時，要把日元換為美元，這就產生了美元的需求。所以，淨出口代表外匯市場上的需求。這種需求與匯率相關，因為匯率升值，淨出口減少（出口減少而進口增加），美元需求減少；匯率貶值，淨出口增加（出口增加而進口減少），美元需求增加。當外匯市場上供求相等時就決定了匯率。

在可貸資金市場上，儲蓄等於國內投資和國外淨投資，在外匯市場上淨出口等於國外淨投資。聯繫這兩個市場的是國外淨投資。在可貸資金市場上決定國外淨投資的是利率。當一國利率高時，國外淨投資少；當一國利率低時，國外淨投資多。國外淨投資決定了外匯市場上的供給。利率高，國外淨投資少，外匯供給減少，從而匯率升值；利率低，國外淨投資多，外匯供給增加，從而匯率下降。這樣，在開放經濟中，利率的變動不但影響國內投資，而且還影響國外淨投資，國外淨投資又影響匯率，進而影響淨出口。具體來說，利率下降不僅使國內投資增加，而且還增加了國外淨投資，國外淨投資增加使外匯供給增加，匯率貶值，從而又增加了淨出口。這就是開放經濟中擴張性貨幣政策（增加貨幣供給量降低利率）對經濟的刺激作用。

我們可以根據這種理論來說明國內各種經濟變動在開放經濟中的影響。

第一，財政赤字的影響。如前所述，儲蓄是可貸資金市場的供給。儲蓄包括私人儲蓄和公共儲蓄。公共儲蓄是政府財政

盈餘。政府財政赤字增加是儲蓄減少，儲蓄減少使利率上升，利率上升減少了國外淨投資。在外匯市場上，國外淨投資減少使外匯供給減少，匯率上升，匯率上升使淨出口減少。二十世紀八〇年代之後，美國同時出現了財政赤字和貿易赤字，已說明了財政赤字與貿易赤字之間的必然聯繫，所以，經濟學家把這兩種赤字稱爲「孿生赤字」，意思是像孿生子一樣同時出現。

第二，貿易政策的影響。貿易政策是一國直接影響出口與進口的政策。我們來看限制性貿易政策，例如進口限額如何影響經濟。當一國採取貿易限制政策，對國外淨投資並沒有實際影響，因爲這種政策並沒有改變可貸資金市場的供求，也就沒有改變利率。這種政策直接影響外匯市場上的需求，即淨出口，限制貿易政策沒有直接改變出口，但減少了進口，因此，淨出口增加，這就使外匯市場上需求增加。外匯市場上國外淨投資不變，外匯供給也不變，這樣，外匯需求增加就使匯率上升。匯率上升又使出口減少，進口增加，從而淨出口又減少。這就得出了一個驚人的結論：限制貿易政策並不會改變貿易餘額。這就是說，限制貿易政策所引起的淨出口增加，和由此引起的匯率上升帶來的淨出口減少相互抵消，從而貿易餘額不變。可見想用限制性貿易政策改變貿易餘額並不見效。這也正是經濟學家普遍反對採用限制性貿易政策的一個重要原因。

第三，政治不穩定與資本外流。一國政治不穩定會引起資本外流，這會給經濟帶來什麼影響呢？我們可以用墨西哥的例子來說明這一點。1994年墨西哥政治動蕩，這使資本外流，資本外流增加了墨西哥的國外淨投資。在可貸資金市場上，供給（儲蓄）改變而需求（國外淨投資）增加，這就引起利率上升。利率上升又使墨西哥國外淨投資增加。在外匯市場上，國外淨

投資增加使墨西哥貨幣比索的供給增加，當淨出口不變時，這
就引起比索匯率貶值。這也是當時墨西哥出現的真實情況。由
此可以看出穩定政治對一個國家在開放經濟中，實現經濟穩定
是十分重要的。

19.3 最優政策配合原理

在封閉經濟中，經濟政策的目標只是實現物價穩定和充分
就業，所用的政策工具只在一國範圍內起作用。但在現實經濟
中，既要考慮內在均衡，又要考慮外在均衡，所使用的政策工
具更廣泛了，即使是原來的財政與貨幣政策，其作用也發生了
變化。

在考慮到同時實現內在均衡與外在均衡時，原來的一些手
段就難以達到預期目標了。例如，如果國內經濟過熱，存在通
貨膨脹，而又存在國際收支盈餘時，採用緊縮性政策可以制止
通貨膨脹，實現內在均衡。但緊縮性政策使實際GDP減少，進
口減少，國際收支盈餘仍會增加，無法實現外在均衡。這種矛
盾就要求我們在開放經濟中，用一種不同於封閉經濟的思維方
法去實現內外均衡。

其實經濟學家早就發現，正如一支箭不能射中幾隻鳥兒一
樣，一種政策工具也不能實現多個政策目標。在開放經濟中要
同時實現多個政策就要用多種政策工具。使用這些工具的方
法，就是美國經濟學家芒德爾提出的最優政策配合原理。

最優政策配合簡單說就是要巧妙把各種政策工具配合起來
運用。這是因為一來各種政策都有其積極作用與消極作用，在

運用各種政策時應該使其中一種政策的積極作用超過另一種政策的消極作用，或者用一種政策來抵消另一種政策的消極作用；二來同一種政策對國內與國外的影響並不一樣，要用不同的政策來解決某個問題。九〇年代柯林頓政府的政策運用，為我們理解這個原理提供了一個很好的範例。

在柯林頓政府上臺時提出的經濟目標，一是實現經濟繁榮，二是減少政府債務，實現當年財政收支平衡。從表面來看，這兩個目標是有矛盾的。因為九〇年代初老布希當政後期，經濟衰退，要走出這種衰退實現經濟繁榮，當然應該採用擴張性政策，但要減少政府債務，顯然只有採用緊縮性政策。擴張性政策會增加財政赤字，但促成了繁榮，緊縮性政策會減少財政赤字，但加劇了經濟衰退。如何才能走出這種政策的困境呢？克林頓的顧問們巧妙地利用了芒德爾關於最優政策配合的分析。

二十世紀六〇年代時，芒德爾就提出，在一個匯率放開，資本自由流動的開放經濟中，財政政策對國內經濟的影響小，而貨幣政策對國內經濟的影響大。在一個匯率管制，資本流動受到限制的封閉經濟中，財政政策對國內經濟的影響大，而貨幣政策對國內經濟的影響小。根據這一原理，美國政府採用了緊縮性財政政策和擴張性貨幣政策相結合的方針。

緊縮性財政政策增加稅收，減少支出，可以改善財政收支狀況，減少赤字，減少債務。但在開放經濟中，這種政策對緊縮總需求的作用並不大。因為赤字減少增加了儲蓄，儲蓄增加使利率下降，利率下降增加了國外淨投資，國民淨投資增加，增加了外匯市場上的美元供給，使匯率下降，有利於增加出口，出口增加在很大程度上抵消了總需求的減少。

　　擴張性貨幣政策對國內的總需求影響大。首先，擴張性貨幣政策引起利率下降，利率與股市價格反方向變動，這就使股市價格上升（道瓊指數突破一萬點大關）。股市價格上升使人們的財產（以股票形式持有的資產）增值，這就刺激了消費者信心，使消費需求增加（邊際消費傾向從長期的0.676上升到0.68）。其次，利率下降有利於國內投資增加，而新技術突破（電子資訊技術突破）又有了新的有利投資機會，於是投資增加。最後，利率下降引起匯率下降，出口增加。這幾方面共同作用的結果，總需求大大增加，這就促成了九〇年代的經濟繁榮。

　　當然，美國二十世紀九〇年代經濟的繁榮有多方面的原因，但巧妙地把各種政策配合使用也是一個重要的原因，這說明最優政策配合原理是正確的。這正是芒德爾在1999年獲得諾貝爾經濟學獎的重要原因。

　　在開放經濟中政策的運用不僅要考慮經濟因素，而且還要考慮政治因素。這使政策的運用更為複雜。但這已超出了經濟學的範圍，我們也不詳細分析了。

　　當我們走向世界時，深感經濟的複雜，但只要掌握這些基本原理，就可以根據實際情況正確瞭解經濟，並作出正確的決策。這正是我們要學習經濟學的重要原因。願這本小冊子能引導讀者進入經濟學神聖的科學殿堂，使讀者更能迎接二十一世紀的挑戰！

後　記

在答應北大出版社楊書瀾女士寫這本書時並沒有感覺到有多難，但眞正動筆寫起來時方有一種「越是向前越艱難」的感覺。這是因爲把經濟學的科學性和通俗性結合在一起，眞的不容易。

這些年來，我在普及經濟學方面作了一些工作，一方面到各地講課，把經濟學介紹給一些有工作經驗，但對經濟學並不瞭解的人士，講課往往頗受歡迎。實踐對我講課的檢驗就是請的人越來越多，以至無法應付。另一方面，寫了一些通俗性的經濟學隨筆、散文，其中一些收集在《微觀經濟學縱橫談》一書中，頗受市場歡迎，也得到許多媒體好評。原以爲有這些基礎，寫這本書問題不大。但在動手寫時遇到的兩個問題是：第一，要系統地分析這門科學與零星地寫一些觀點不同。隨感而發用個別經濟學原理分析問題並不難，但要系統而全面地分析就不容易通俗化了。第二，過去聽我課的人是成年人，儘管不一定系統地學過經濟學，但文化程度都相當高而且有實踐經驗，理解能力強。這次要爲青年人寫，還要寫通俗，這就不容易了。應該說，我在寫作過程中遇到的問題就是科學性、系統性與通俗性、趣味性的結合問題。

在這本書寫作中，我想以科學性和系統性爲主，讓讀者對經濟學這門科學的內容有一個全面的瞭解。本書的安排是：第一章介紹經濟學的對象與方法，是全書的導論。第二章到第八章介紹微觀經濟學的內容。第九章到第十六章介紹宏觀經濟學

的內容。第十七章到第十九章介紹國際經濟學的內容。這四部分包括了經濟學的基本原理。要在一本不到二十萬字的書中把這些內容較全面地介紹出來並不容易。而且，我還想在全面介紹中凸出一些重點。例如，一般入門教科書很少涉及企業經營理論，但我覺得這一點對企業管理者還是很重要的，因此專門作爲一章來介紹。有些章節的介紹也不同於傳統教科書，比如「家庭決策」部分不是像傳統寫法一樣，只介紹消費者的購買決策與效用最大化，而是涉及到家庭的勞動供給決策、消費與儲蓄決策、儲蓄與投資決策等，這對家庭科學理財是有啓發的。當然，這樣安排與內容是否合適還要由讀者評價。

在保證科學性和系統性的情況下，我也想儘量作到通俗化。首先全書不用圖形分析和數學推導，力圖全部用文字來表述；其次，努力用一些事例來說明經濟學的基本原理。但由於篇幅有限，事例用的還不多。寫這種普及性著作比寫教科書或專著難得多，我在這方面還要不斷探索。

寫一本通俗而系統的介紹經濟學的普及性小冊子在我還是第一次，希望聽到更多的批評意見和建議。

在市場經濟中人人都應該有基本的經濟學修養，這有助於每一個人作出理性的決策，祝福讀者們學了經濟學之後，能在市場經濟中成功。

梁小民

人文社會科學叢書 2

經濟學是什麼

著　　　者／梁小民
出　版　者／揚智文化事業股份有限公司
發　行　人／葉忠賢
總　編　輯／林新倫
執行編輯／胡琡珮
登　記　證／局版北市業字第 1117 號
地　　　址／台北市新生南路三段 88 號 5 樓之 6
電　　　話／(02)2366-0309
傳　　　真／(02)2366-0310
網　　　址／http://www.ycrc.com.tw
E - m a i l ／book3@ycrc.com.tw
郵撥帳號／14534976
戶　　　名／揚智文化事業股份有限公司
法律顧問／北辰著作權事務所　蕭雄淋律師
印　　　刷／鼎易印刷事業股份有限公司
I S B N ／957-818-429-8
初版一刷／2002 年 10 月
定　　　價／新台幣 320 元
＊本書如有缺頁、破損、裝訂錯誤，請寄回更換＊

◎本書由北京大學出版社授權在台灣地區出版中文繁體字版◎

國家圖書館出版品預行編目資料

經濟學是什麼 = What is economics? / 梁小

　民著.-- 初版. -- 臺北市：揚智文化, 2002

　[民 91]

　　　面：　公分. --（人文社會科學叢書；2)

　ISBN 957-818-429-8（平裝）

　1. 經濟學

550　　　　　　　　　　　　　　　　91013142

□揚智文化事業股份有限公司 □生智文化事業有限公司

謝謝您購買這本書。

爲加強對讀者的服務，請您詳細填寫本卡各欄資料，投入郵筒寄回給我們(免貼郵票)。

E-mail:book3@ycrc.com.tw

網 址:http://www.ycrc.com.tw

（歡迎上網查詢新書資訊，免費加入會員享受購書優惠折扣）

您購買的書名：＿＿＿＿＿＿＿＿＿＿＿＿＿＿＿＿＿＿

姓　　名：＿＿＿＿＿＿＿＿

性　　別：□ 男　　□ 女

生　　日：西元＿＿＿＿年＿＿＿＿月＿＿＿＿日

TEL：(＿＿)＿＿＿＿＿＿　FAX：(＿＿)＿＿＿＿＿＿

E-mail： 請填寫以方便提供最新書訊

＿＿＿＿＿＿＿＿＿＿＿＿＿＿＿＿＿＿

專業領域：＿＿＿＿＿＿＿＿＿＿＿＿＿＿＿＿＿＿

職　　業：□製造業 □銷售業　□金融業 □資訊業

　　　　　□學生　□大眾傳播 □自由業 □服務業

　　　　　□軍警　□公　　　□教　　□其他＿＿＿

您通常以何種方式購書?

　　　　□逛 書 店　□劃撥郵購　□電話訂購　□傳真訂購

　　　　□團體訂購　□網路訂購　□其他＿＿＿

↳對我們的建議：